尺ヤマメの戦術

渋谷直人

つり人社

まえがきにかえて
ドライフライ・フィッシングの威力

水面に対しての優位性

渓流ではドライフライの釣りこそが、すべての釣りの中で最も水面を攻略できる釣法といえる。しかしこの強力さは、意外にも普段ドライフライで釣りをしているフライフィッシャーでさえ完全には理解していないかもしれない。

たとえばボサ下や岸ぎりぎりなどのポイントは、エサ釣りやルアーでも簡単に攻略できると思われがちだが、そうではない。ルアーではキャスト力があればポイントに入れること自体は大部分可能だが、そこから魚が捕食に至るまでのポーズがどうしてもまう。しかも水面へのインパクトがどうしても強くなるため、水面の状態に結果が左右されやすい。またエサ釣りでそのようなポイントを攻略するには、極端に仕掛けを短くしたチョウチン釣りをするしかなく、ポイ

ントを攻略できる可能性の高いドリフトである。そして、いうまでもなくそれは釣れる可能性の高いドリフトである。

僕も短いリーダー（9フィート直結）からフライフィッシングをスタートさせたのでよく分かるが、その場合、とにかく攻略できるポイントが限られる。流心の向こうはサオを立ててほぼリーダーキャストでラインを水面につけずに釣っていた。それでもそれなりにヤマメ、イワナは釣れたが、尺ヤマメとなると自分がブッシュの中から、尺ヤマメに見える場所に立てたときにだけ釣れた記憶がある。

ところがロングティペットを使い出してからは、ポイントを見る目が変わったのだ。今まで素通りしていた場所にも、可能性を感じて釣ることができるようになった。好ポイントがどこにあっても流すことが可能だと、すぐに理解することができた。この

トから離れられる距離も7mくらいが限界だ。開けた深瀬などでは細仕掛けの長ザオが最大の利点となるエサ釣りも、このような場所はほとんど攻略できないのだ。

これらは両方の釣りを経験したことのある方なら、理解しやすいと思う。ただし、エサやルアーがバックキャストを必要としないのは有利な点で、そのあたりも理解しつつフライだけが攻略できる場所を常に意識しておくとよい。どんな釣法にも有利不利はある。自分たちの有利な部分を生かせるような意識で取り組むことが必要だ。

しかし、ドライフライの釣りでその本領を発揮するには「ロングティペットを駆使できる」という前提条件がある。この点をクリアすることで、水面への捕食の可能性がある流れは、ほとんど攻略することができると思ってよい。ロングティペットを思い

ことがきっかけでさらにドライフライの渓流釣りに夢中になることができたし、何より楽しくて仕方がなかった。面白いと思う情熱こそが川に通う数を増やし、テクニックを磨かせ、尺ヤマメにも近づくこと

どおりに操ることができれば、急流の向こうの流れも、巻き返しも、肩も、ヒラキも、流心もきれいにドリフトすることが可能になる。そして、いうまでもなくそれは釣

ライを巻き、サクラマスをねらった。その頃、渓流のドライでは釣る気がしなかったので何となく、ドライで釣る気がしなかったのでウエットを2本ドロッパーで釣り上がっていた。20cm程度のヤマメが数尾釣れたが、ここでのあと、すごいライズに見舞われたのでフライを結ぶと、ウエットには全くライズが始まると、ウエットには全く反応がなくなった。

思い起こせば、オオクママダラカゲロウのスピナーの大量流下であり、さらに気分が悪い釣れないと気分が悪い。足元に流れるれないと気分が悪い。足元に流れる茶色のカゲロウに、少しでも似ているフライを結んで釣ることにした。結果は、面目躍如に釣れた。ドライフライに飛び出してくるヤマメを見れば、やはり興奮する気持ちに抑えきれないくらい楽しかった。エサ釣りの父は2尾のみ。僕は20〜28cmのヤマメを25尾ほども釣ることができた。しかしこの結果、今ならこの結果、ドライフライだけではなく、ハッチや流下絡みのステージのめり込んだ原点を思い起こさせてくれる釣り方をマッチさせられたからだった「理解できる」体験は、何よりもフライフライこそが最高の釣りだと「やはりフライこそが最高の釣りだとこの釣りしかない」と理解。この釣りの醍醐味はとくに知っているシチュエーションに出会えるのはド

捕食の瞬間を見ることができる楽しさドライフライの釣りで楽しさの一番の要素は、やはり捕食を見ることができる点だろう。初めてドライフライで魚が釣れたときの興奮は誰でも覚えていると思う。その興奮は、「もう一度味わいたい」という感情を呼び起こし、釣り人の気持ちを捉えて離さないのでしょその影響で現在もドライにこだわっている方も多いのではないだろうか。僕自身もその釣りの1人だ。他の釣りに類のない興奮を味わうことができるドライフライ・フィッシング。その釣りで尺ヤマメに出会いたい。

フライを始めてまだ3〜4年で僕が未成年だったころ、時代はパワーウェットでダブルハンドを使った遡上魚の釣りが至高とされていた（今思えばそれは数あるフライの魅力の一部だったのだが……）。僕もそれにならってダブルハンドを用意し、サーモンフ

ライが何本か買うこともあった。釣りでは本当に負けず嫌いだった僕も、さすがにめげた。その後、イワナの季節を迎えてもフライを巻く意欲が失せ、釣行前にショップで完成品フライをヒットしていた。ちなみに僕に付き合わされた父は、その2年間ルアーで8尾のサクラマスをヒットしていた。釣りでは本当に負けず嫌いだった僕も、さすがにめげた。その後、イワナの季節を迎えてもフライを巻く意欲が失せ、釣行前にショップで完成品フライを何本か買うこともあった。その翌年も惰性でサクラマスをねらい続けたが、その程度の情熱で釣れるような魚ではなかった。5月の末、見かねた父の誘いならってダブルハンドを用意し、サーモンフで数年ぶりに斉内川にヤマメ釣りに出掛

はずだったが、僕はこのときもう一度釣り人としての心臓をわしづかみにされた思いがした。

やはりフライフィッシングをやっている以上、僕はドライフライで水面にヤマメを引き出したいと思う。その釣りこそ、自分が一番楽しいと思うことができるのだ。

ドライフライで、ねらうべき尺ヤマメを理想のライズフォームで食わせ、美しい状態で写真に残せるシチュエーション（明るさなど）で釣る。その可能性を10年以上追求してきた今、さらに世界は広がりつつある。

釣りが可能な距離の融通性

フライフィッシングで有利な点の1つが、距離の融通性であると思われている。射程距離が足元から20ヤード近く（技量によってはもっと遠く）までと、日本の釣りからするとずいぶん幅が広い。しかし実際にティペット部分まで把握しながら釣りができるのは、限られた距離になることを理解しておく必要がある。

ロングティペットでは、8ヤード前後の距離が、実際に釣りをしてみるとやはり具合がよい。そんなに近い場所で釣るのか？と思う方も多いかと思うが、実際にはティペットを曲げたり、固めたり、弛ませたりするため、12ヤード前後の長さのシステムを思いどおりにキャストしていることになる。

8ヤードを思いどおりにティペットコントロールしてプレゼンテーションするのと、12ヤードを真っ直ぐにターンオーバーさせてプレゼンテーションするのとでは、ドリフトに大きな違いが出ることは明白である（下図）。もちろん、ただ長くしてコントロールできない場合には短いリーダーより も不利になることも想像の範囲である。そのためには、かなりのキャスティング技術が必要とされることを理解しておかなければならない。それでも足元から15ヤードほどまでは何とかなるので（15ヤードの場合は20ヤード以上のキャスト力が必要になるが）、最も釣りやすい8ヤード前後にこだわることなく、臨機応変に立ち位置を決めたいところである。

つまり距離の融通性を多少損ねても、釣れるためのドリフトを最優先させることこそ、渓流で思いどおりの釣りができることになるし、尺ヤマメに近づく手段となる。それを実現させることが可能なのが、ロングティペットのドライフライ・フィッシングなのである。

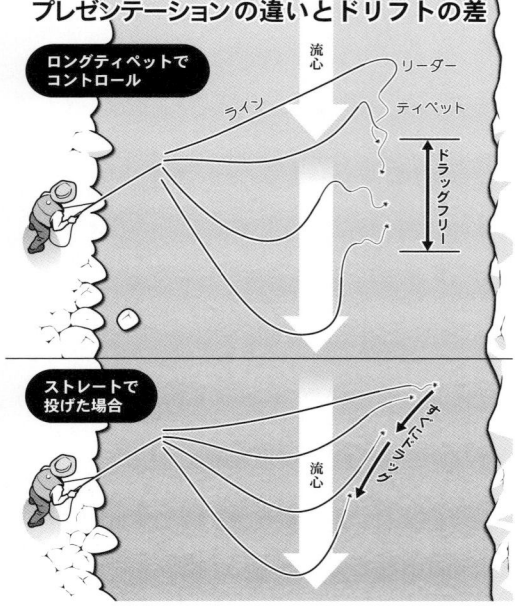

プレゼンテーションの違いとドリフトの差

ロングティペットでコントロール

流心　リーダー　ライン　ティペット　ドラッグフリー

ストレートで投げた場合

流心　ドラッグ

6

目次 CONTENTS

まえがきにかえて
ドライフライ・フィッシングの威力 …… 2

1章 尺ヤマメギャラリー …… 11

2章 尺ヤマメの実態 …… 44
1 ヤマメという魚の魅力 …… 45
2 尺ヤマメの実態。何年生きているのか？ …… 48
3 尺ヤマメに的を絞るためには。川の選び方 …… 51

3章 タックル論 …… 54
1 ロッド＆リール …… 55
2 ライン〜リーダーシステム …… 59
3 ノット …… 63
4 バンブーロッドとの出会い …… 66

4章 フライパターン

1 使えるフライ、使えないフライ …… 68
2 各種パターン紹介 …… 70
3 パイロットフライ〜ストマックデータ、状況〜ベストマッチ …… 79
4 フライを使いこなすために（フロータント術） …… 81

67

5章 キャスティング

1 舟形のループ …… 84
2 ループコントロール・ラインスピードコントロール …… 85
3 トリックキャスト …… 92
4 あらゆる角度でキャストする …… 95

83

6章 プレゼンテーション

1 流れの読み方と立ち位置の重要性 …… 98
2 メンディング〜ラインの処理 …… 102
3 流れの形〜プレゼンテーションの形 …… 105
4 ロングティペットの扱い …… 111
5 1投目に集中！ …… 114

97

7章 尺ヤマメ対決

1 サイトフィッシング ……………… 117
2 フライのローテーション術 ……… 121
3 アワセ～やりとり～取り込み …… 122
4 風の対処 ………………………… 125
5 1日の釣りのリズム、心がけ …… 126

116

8章 季節で変化する釣り

1 春―解禁～雪代 ………………… 129
2 初夏―雪代明け～梅雨 ………… 131
3 盛夏―梅雨明け～渇水 ………… 133
4 秋―荒食いの大もの …………… 134

128

9章 ステップとしての尺イワナ釣り

1 イワナ釣りの面白さ ……………… 136
2 流れの克服練習 ………………… 138
3 仲間との釣り …………………… 139
4 尺イワナをねらう ………………… 140

136

装丁　日創／イラスト　廣田雅之／写真協力　㈱ティムコ

*1*章
尺ヤマメギャラリー

尺ヤマメの世界へようこそ。
この章では15尾の尺に絡むヤマメとその釣りを、
1尾1尾との出会いを通じて得られた教訓とともに克明に記した。
次にあなたが出会うだろう尺ヤマメの釣りに生かしていただければ幸いである。

Gallery 01

32.5 & 30.5 & 34.0cm
Date 5.20.2009
天候　晴れ
秋田県役内川水系

ようやく雪代が落ち着いてきてはいたが、なかなか時間が取れず、自分の釣りができない時期である。5月の東北は、小さめの川から爆発的な反応が始まり、本流域へと釣り場を移していく。

いよいよ本流筋上流部の水位がよくなってきた。国土交通省の水位計で、役内川「川井」の水位が+20cmを切ったくらいから上流域での釣りのスタートとなる。数日前からその水位に下がってはいたのだが、午後からは5cmほど上昇する典型的な雪代残りの状態である。この時期は暖かくなるほど午後は顕著に増水する。それでもこの日は暖かい日が4日続いた後で、魚たちもその変化に慣れたであろうことが予測できた。

そして、午後から時間があったので、迷わず役内水系の尺ポイントのみをピンスポットで渡り歩くことにした。

午後1時に家を出て川には1時半過ぎに着いた。本流はたっぷりの水量でまだ近づける状態ではない。まずは大役内川に向かった。少し行ってからのそむる流れは清冽で。

期待感充分である。この水量では上流ほど可能性が高いので、ヤマメの最上流域を釣ることにした。限られた時間の中、あわてるようにで仕度をすませ、ラインも通さず川に下りた。

するとどうだろう。川は霞んでいて木の葉が舞い始めている。天気予報を上回る陽気に雪代が出始め、増水してきたのである。

このパターンは水温を下げ、魚は低活性になるように思うが、最初に触った水温で心配はいらないことが分かった。気温5℃、水温13℃という感じであろうか。この状況でのササニゴリは、さらに期待感を高めてくれる。

最初から尺ヤマメしか頭にないので、そのままラインも通さず川を遡った。ササニゴリ＆増水はヤマメに近づくのを容易にするし、釣りも楽である。この状況で尺ヤマメを見つけることができたら、ほぼ自分のフライを食わせることができる。

最初のプールが期待のポイントである。このポイントでは、前年度3尾の尺ヤマメを

釣っている。どうしても大ものが居着きやすい場所は決まってしまうようで、そのようなポイントをいかに数多く知っているかが、尺ヤマメの可能性を高めることにつながる。

ヒラキから慎重にヤマメを捜した。いきなり繰り返すライズを発見。魚体が見える位置まで行くと、25cmほどのヤマメであった。他に7寸前後が2尾見えたが、そのまま通過して流れ込み付近を注視した。すると注視するまでもないほど大きく白い魚体が、水面スレスレに浮いてライズを繰り返していた。流れ込みから岩盤にぶつかり巻いている流れで、下流向きにうろうろとライズしている。

もうすでに自分は上流に回り込み、魚の後ろからねらえる状況であるため、おもむろにラインを通してフライを結んだ。増水と濁り、ゴミの量を考えると、フライ選択としては半沈み系が適していると思われる。迷わず選んだフライは#11増水用のピー

コックパラシュート。かなり動き回っているため1投では決められなかったが、4投目で決着がついた。少しやせてはいたが、サビも取れた綺麗な尺ヤマメ、32.5cmであった。ここまで要した時間は写真撮影もあわせて30分程度である。その上のプールを軽くのぞいて魚がいないのを確認し、次に役内本流の上流部に向かった。

次に入ったのは役内の上流部、通称一笹プール」である。ここもこれまで数々のドラマを生んでいる。この日の本流上流部も役内よりさらに濁っていて、川底が見えないくらいの状況である。それでも、このポイントだけは大きなものが浮いている可能性が高く、真っ直ぐ流れ込みに向かった。するとここも注視するまでもなく尺ヤマメがライズを繰り返していたのである。こうなると同じような状態であるため、迷わずピンポイントを目の前に落とすのみ。今度は1投で釣ることができた。けっこう引きが強かったが、先ほどより1回り小さい30.5cmの太ったヤマメであった。この時期にしては体型が素晴らし

く、かなり前からエサをたっぷりと食っていたことが想像できる。この時点で時計は午後3時。その後、その前後と下流を見て回ったが、大ものの姿は見えず午後4時半を過ぎてしまった。

いろいろ考えた末に最後のポイントに決めたのは、支流のヤマメ止の堰堤下である。釣り上がると半日コースではあるが、時間もないので真っ直ぐ30分歩いて堰堤下のをやることにした。入ってすぐに山菜取りのおじさんたちと会ったが、「この時間から入るの?」とビックリした様子。走るように着いてすでに午後5時半、まだ明るいが帰りを考えると時間は少ない。ここは前年度、友達のG君が33cmを釣ったポイントでもある。そのヤマメはさらに前の年に僕が30cmで釣っていたので、まだ生きているのではと思って来てみたわけである。

いつもの左巻きを眺めるも魚影は見えない。真ん中に枯れ枝が刺さっていて、流れが乱れていた。さらに前に出て確認しようとしたとき、その枝が刺さっている手前に魚影

があることに気づき、後退りした。細い魚で揺らめきながらエサを捜しているようで、それほど大きくは見えない。それでも、それをやっつけないことには前に進めないので、ねらうことにした。相手はまた1投目でゆっくりと浮上し大口を開けてフライを飲み込んだ。浮上した瞬間には尋常でないサイズであることを理解し、あのヤマメであることを確信した。枝に巻かれないように強引に浅瀬へ引き寄せたヤマメは34cm。間違いなく例のヤマメである。尻尾の変形や斑点の位置でも容易に判断できる。その後、そのポイントには行っていないが、また次の年も会うことができたらと思う。

このように雪代の最終時期には、年越しの尺ヤマメが上フライでねらえる。よい日によい場所だけねらえば、尺ヤマメが多数ねらえることも珍しくない。このようにある水系全体が同じような条件になっていることも多く、これはダメになるときも一緒であろう。こんな日には体が一つだけなのがもどかしいが、確実に、丁寧に1尾ずつ釣ることが大事であると思う。

Gallery 02

34.0&32.5cm
Date 9.10.2008
天候 晴れ
秋田県玉川

この年の玉川は尺ヤマメで沸いていて、行く度に尺ヤマメの顔が見られた。いつもの僕の釣りは朝9時以降にスタートする。しかし今回は気合を入れ、午前5時半に川に着いた。これは数回の釣行の中で、午前中のみに尺ヤマメが釣れることに気がついたからである。そこに通うNさんも同じようなことを感じていて、検証する目的もあった。

僕のホームグラウンドである役内川水系上流部ではお昼前くらいに活性がもっとも高度に尺ヤマメの顔が見られた。いつもの僕の釣りは朝9時以降にスタートする。しかし今回上流部であるし、早朝は反応が悪いのではないか？という心配もあった。玉川もかなりの上流部であるし、早朝は反応が悪いのではないか？という心配もあった。しかもこの時期の早朝は最低気温が10℃を下回り、着いたときには息が白くなった。同行は東京のTさんである。

早起きしておいて何だが、半信半疑のまま川に降り立ち、釣り上がることにした。まずは普段から大ものの気配がないプールである。案の定何の気配もなく、ますます心配になりながら次のプールに向かう。やはり気温が低すぎるし、水温さえもかなり冷たく感じる。静まり返ったプールを眺めると、釣れるようには思えなかった。岩盤にゆっくりとした流れがぶつかるプールではあるが、前回はこれがぶつかるプールではあるが、前回は同行者に譲ったため、僕が釣るのは初めてのポイントでもある。流れが左にあるためオフショルダーからのキャストになり、1投目は最終のバブルラインをねらった。出なかったが、2投目は少しだけ上流の、バブルラインがもっと流速といい水深といい怪しさ極まりない。2

も岩盤に寄っている部分を流した。1mほどリフトしたとき、とがった三角頭が静かに＃15スパイダーパラシュートを押さえ込んだ。その瞬間、尺は優に超えるヤマメであることを確信した。しばらくのやりとりの後に手元に横たわったのは、カラフトマスかと思えるくらいの鼻曲がりでセッパリのオスヤマメ34㎝であった。釣れた時間はまだ午前6時半である。これだけ静まり返った状況での1尾に、この川の性格を垣間見たような気がした。

その後、同行のTさんにも35㎝はあろうかという大ヤマメがフライに出たのだが、フッキングには至らなかった。途中では10mほどの至近距離で熊に出くわしたりしながらで、道のない山奥への釣りは危険もいっぱいである。午前10時を過ぎたあたりからはピーカンということもあり、活性が感じられなくなってきた。時々顔を出すのはイワナのみである。なんとか最後に気になっていたポイントをやりたかったため、急いで上流を目差した。

そのポイントは前回のSさんとの釣りで大ものを確認していたポイントでもある。やはりここも岩盤に緩くぶつかってくる長いプールで、その時は定位してライズするヤマメを見ることができた。その時はSさんがねらった1投目をショートしてしまったのになんと1投目をショートしてしまっただけで姿を消した。スレている感じもないのにこのような反応は珍しい。考えられるのは時間帯による低活性くらいである。午後2時半頃の出来事であっ

た。そして、いろいろ考えた末に、このヤマメをねらったらと思ったのである。

なんとかポイントに辿り着いたのは11時過ぎであった。だいぶ気温も上昇し、太陽はほぼ真上という状況である。まずは離れてプールを観察した。すると、かなり下流の大岩の横で小さなライズがあった。広がるライズリングには重量感があり、大ものを連想させる。ほぼ流れが止まるようなフラットであるため、アプローチを1歩に5秒以上かけるペースで進んだ。5分以上かけ、ライズポイントから8ヤードの流れの斜め下流に立つことができた。ライズは散発ではあるがまだ続いている。大ものであることも分かった。1投で決めるべくタイミングを計り、スパイダーをライズの50㎝上流にキャストした。すると案の定、一発で大口を開いて食いにきた。「よしっ!」思いどおりのヤツの反応に喜びすぎて、痛恨の早アワセをしてしまったのである。少しの抵抗もなくフライを口から引き抜くかたちになってしまった。あまりのショックにめまいがしたが、口に触っていなかったのでしばらく待った。

15分ほど待ったがやはり姿を現わさない。あきらめて流れ込みに向かうことにした。しかし、横を通過しながら上流に向かったそのとき、視界の片隅にライズらしき波紋をとらえることができた。ヤマメは戻ってきたのだ。この静かな水面を引き返すわけにもいかず、ダウンクロスでねらうことにした。目先を変

19

えるためフライは#13CDCカディスに替え、1投目に集中した。ライズから1mほど上流の少し奥にフライを落とし、引き戻してフライ先行で流し込む。ヤマメは、あっさり大口を開けてフライを飲み込んだ。アワセもさっきの失敗の後なので、一呼吸置いた理想のかたちで決まった。ヤマメはジャンプまでして走り回ったが6Xなので切れるはずもなくネットに納まった。これもまた素晴らしい魚体の32.5cmオスである。オレンジがかった幅広の魚体は、この時期の最高ともいえるコンディション。秋のヤマメは、この色合いが最上級であると思う。

数日前にあれほどの神経質さを見せた尺ヤマメであったが、時間帯を変えて挑んだのが正解だったと思う。このあたりは車止から真っ直ぐ歩いても1時間以上かかるため、普通に釣り上がると午後に入ってしまう。そのため午後からの警戒心が強かったことも考えられるし、開けた川であるため水温の上がらさない午前のほうが活性は高いのかもしれない。いずれにせよ、先入観にとらわれずに、その川の性質をつかむことが大ものへの近道であるように思う。

Gallery 03

35.0cm
Date 5.14.2008
天候　曇り〜小雨
秋田県斉内川

この日は曇天の無風で、この時期には珍しい天気。以前から気になっていた玉川の本流をリサーチしに友人G君を誘った。サクラマスで有名な区間ではあるが、噂では戻りヤマメが群れでライズしているらしい。松倉の頭首工下流を見て歩いたが、ハッチも少なく当然ライズは確認できなかった。このようなライズの釣りは、条件をつかむのが本当に難しい。川のほとりに住んで毎日条件を確認できるような環境が理想ではあるが、現実問題としては無理である。また気が向いたときにでもリサーチすることにする。

そのまま帰るのもしゃくなので、斉内川に寄っていくことにした。お昼過ぎに家を出たため玉川に着いたのが午後2時半、斉内川に移動したのは午後4時。曇っていて小雨もぱらつき、なにやらコカゲロウ日和のようである。この時期の斉内川といえば、オオクママダラカゲロウのスーパーハッチであるが、この日はほとんど見ることができなかった。僕は早めに仕度をすませ、この川の入渓点でもあり1級ポイントの「ヒロアキ淵」を観察した。早速、プール全体で15尾ほどのヤマメのライズが見られたが、ほぼすべてが20cm前後である。見た感じでコカゲロウを食べているのが分かるし、簡単に釣れそうだったのでG君に釣ってもらおうと思い、彼を待つことにした。

本来この時期の斉内川は雪代が治まりかけ、最高の季節である。しかし今年は様子が違っている。暖冬による雪の少なさと4月の高温で、すでに平水に近いくらいまで水位が下がっていて期待感がないのである。それでもオオクマのハッチなどがあればやる気も

起きるのだが、それもなく盛り上がりに欠ける。それにしても、ライズが続いているにもかかわらずG君の準備が遅い。振り返って声をかけると、なんとリールトラブルで重症のようである。やはり日頃からのメンテナンスは重要と感じた瞬間であった。先にやっていてくれというので、仕方なしに手前のライズから遊ぶ。足元の流れは大きく巻き返して上流の流れ込みへと向かっている。コカゲロウがフワリフワリと中でのライズであるため、ダンを飛んでいく観察したがやはりしっかり食われていた。この日は本流でのライズに期待していたことからイマージャーパターンを巻いてきたフライをテストがてら使ってみようと考えた。結んだのは#17のグレー系イマージャーで、吸水性ビニール紐のウィングが付いている。

まずは足元の、上流に向かう流れのライズから釣ってみることにした。ライズまでは5Mくらいの距離しかない。ラインを2Mほど出してフライは足元に落とす感じである。放ったフライはゆっくりと流れに乗って流心に向かう流れをトレースしていく。先ほどまで20㎝ほどのヤマメがライズしていた付近にさしかかった。出るかと思ったが、無視されてしまった。やはりダンのほうが自然な

のかな？と思った瞬間、流心に飲まれる前で大きな影がフライに向かって浮上して食った。何の緊張感もない、小ものの相手の1投目の話である。あ然としつつも反射的に合わせたら、しっかりとフッキングできていた。後ろにいるG君に「尺ヤマメ！」と声をかけたら急いで降りてきた。小さめのフックなので慎重にやりとりして取り込んだのは、何と35㎝もあるヤマメであった。G君が地団駄を踏んだら悔しがったのはいうまでもない。

それにしても巡り合わせの妙というか、いろいろな条件が重なって釣ることができた面白い尺ヤマメである。ヒロアキ淵は有名ポイントではあるが、いまだかつて尺ヤマメを釣ったことがなかった。遊漁券売り場のすぐ裏、車を降りて1分の場所である。放流ポイントでもあるため、釣り人が常に入っていてよくあるのだが、大ものがライズしてもオオクマのハッチもなく、大ものがライズしていたわけでもないのに釣れたのである。しかも、足元でほとんどキャストもしないで釣れたのだから驚くよりほかない。本当は友達に釣らせようと思ったライズであるし、ダンパターンを使っていたらやっぱり20㎝ヤマメのほうが食っていたようにも思われる。そのタイミングで、イマージャーで、1投目で、という要素が組み合わさって釣れた、奇跡の尺ヤマメであった。

Gallery 04

32.5cm
Date 4.22.2008
天候　晴れ
岩手県気仙川

東北でも雪のほとんど降らない太平洋側の春は、少しだけ早いものである。雪代もないし標高も低く、他の東北地域よりも日数にすると、1週間から10日ほど早い。それでもその時差は重要で、4月に盛期を迎える気仙川の上流は、毎年訪れている大好きな川でもあるのだ。4月に入ると最上流部から活性が高くなって、徐々に春が下流に下がってくる感じである。これが雪のない川の特徴のように思える。コカゲロウやマエグロ、ナミヒラタなどの後にオオクマがハッチを始め、5月にはシロタニガワカゲロウなどがピークを迎える。

4月上旬、晴れの日が続いたのでいてもたってもいられず気仙川に行った。まだ少しだけ早いようで、小さなヤマメしか反応がない。しかし、水深のあるプールの底には明

らかに尺を超えるヤマメの姿が確認できた。どうしてもそいつを釣りたくてタイミングを見計らっていたのだが、雨が続いて行く条件が整わなかった。この時期の増水は水温を低下させ、魚たちの活性を下げるため歓迎できるものではない。それでも、ようやく天気予報で2日間の晴れ予報が出た。ねらいはもちろん、2日目の少しでも水位が落ちた瞬間である。

家から2時間以上かかるが、尺ヤマメの存在を確認しているので遠くは感じない。ちょうど気温が上がる午前10時前に着くように調整した。五葉小学校の上流をのぞくと、かなりの水量でぎりぎりの高水位である。濁りがないので釣りはできそうだが、尺ヤマメはどうだろうか？　それにこだわると難しそうなので、そのポイントよりもかなり下流から丁寧にイワナをメインに楽しむことにして釣り上がった。それほど活性が高いわけではなかったが、緩く浅いポイントからはまあまあのイワナが飽きない程度に釣れてくる。1時間ほど釣り上がると、活性がよくなっていることを感じた。堆肥小屋の裏のプールでは良型のイワナが連発し、ライズも見られるようになってきた。よいタイミングで活性が上がってきたものである。尺ヤマメのポイントまではもう150mほどなので、さらに期待が高まった。問題は水量である。そのポイントは流れが絞られていて

渇水でも流速がある。今日の感じだと、どこで水面に出せる可能性があるのだろうか。

いろいろ考えながら数尾のイワナを釣るうちに、例のポイントが見えてきた。やはり激流と化していてドライに出そうな感じはなかった。それでも、そのあたりに尺ヤマメがいるのは確実なのでティペットを結び換え、フライも新しいものにした。

一の時期にしては大きめの#13クイルボディ・オオバンパラシュートである。最大のねらいめを激流の対岸の巻き返しと考え、その下流からくまなく釣っていくことにした。

まずは護岸の、最上流の切れ目にある三角スポットである。ストレートな流れが2mほどあり幅は50cmほど。水深は膝上くらいであろうか。夏の増水時なら最高のポイントだけどな、と思いつつ第1投。ドラッグが掛かる寸前で、ドルフィンライズでフライに襲いかかった。しっかりフッキングできたがすぐ下流はガンガン瀬、そこに入られてしまった。50m以上も引きずられるように魚を追いかけて下がり、立ち枯れたアシの切れ間

からランディングしたのは色も鮮やかな尺ヤマメ32.5㎝。本当にティペットを結び換えた瞬間でよかったと胸をなでおろした。途中、何度も水没しているアシの根に絡みつき、クリアするとガンガンの流れで何度もブレイクを心配させられたのである。確認するとティペットはザラザラで、軽く引っぱっただけで切れてしまった。間一髪の取り込みであったわけである。

ちょっとした判断の差が、大ものを取れるか逃がすかにかかってくる。このときも最良のポイントに行ってからティペットを替えようと思ってしまえば、限りなく取り逃がしていた確率の高いヤマメなのだ。少しでも可能性を広く想像することができたおかげで、この素晴らしい魚体を手にすることができたと思う。最近でこそ少なくはなったのだが、以前は大ものに限って逃げられていたものである。その悔しい釣りの積み重ねこそが、現在の丁寧な釣りへと繋がっているのだが。瞬間的なことは仕方がないが、やるべきことはしっかりやって、後のことは天に任せるくらいが尺ヤマメと数多く出会えるコツかもしれない。

Gallery 05

31.5cm
Date 9.24.2007
天候　晴れ
山形県真室川

その年最後のフィナーレとなる尺ヤマメを求めて、Sさんたちと3人で山形の川を釣り歩いた。22日は、この時期には久々となる最上白川である。春によい川はほとんどの場合、秋に尺ヤマメを育んでいる。そのようなパターンを求めての釣り旅である。最上白川はどうしてもイブニングのイメージが強かったが、さすがにこの時期ともなると日中でもそこそこのヤマメが顔を出した。それでも大ものの気配はなく、ダム上にも足を運んだがこの日の釣りは土砂降りの夕立に遭い、退散するようにこの日の釣りは終了となった。

次の日は月光川を釣ることにした。この川のこの時期は大ものの実績が多数あり、当然期待感も高まるがサビが出るのが早いのが残念である。午前中、僕に尺くらいのオスが掛かったのだが、ゴミに巻かれて切られてしまった。熊野川を本流から50mほど上がった深瀬であったが、やはり本流から差してきていたのであろう。この時期は支流も少しは釣り上がってみると意外な大ものに出会えたりする。午後にはSさんが、真っ黒なメスの泣き尺ヤマメを釣った。オスは赤みがあるので黒くても綺麗な魚体もいるが、メスは本当に真っ黒になってしまう。やはり秋はオスヤマメをねらいたいのである。釣ったSさんも同じ気持ちのようで、微妙な笑顔のニコパチになった。

最終日は真室川を釣ることにした。ここでは数日前に尺ヤマメ情報もあり、数、型ともに期待がもてる。朝から中流部に入ると、25〜26cmのよいヤマメが連続でSさんたちに釣れて好気配である。どこかで尺が出るのではと期待されたが、そうは簡単に出るものではない。

先日、友達が30.5cmを釣った場所に差しかかった。ここは水門のコンクリートの壁に真っ直ぐ流れがぶつかっていて、L字型のプールである。水深は川底が見えないほど深く、やはりいかにも大ものというポイントである。Sさんにねらってもらうことにした。彼は下流からのロングキャストで壁際のバブルラインをねらった。何度か反応はあったが、すべて20cm以下のサイズで大ものの反応は得られなかった。さらに流れ込みをねらおうと思ったが、ここで僕に譲ってくれたのである。どうやら小

用を我慢していたらしい。ありがたく釣らせていただくことにして、流れ込みの脇に立って流れを注視した。よく見ると速い流れはわずかに分かれていて、間に細くフラットが形成されている。ねらいは完全にそこであると確信した。ティペットを大きく上流にV字カーブさせた状態で、この時期の定番#15スパイダーパラシュートを流れに乗せた。3投目くらいだったろうか、タテに真っ直ぐ出てきたヤマメは大ジャンプを見せ、グ

ルグルのローリング、狂ったようなファイトであった（ファイト中もSさんは用足し中）。取り込んだヤマメは体高のあるサビのかかったオスで、31・5㎝のヤマメである。黒くても赤みが差していて迫力満点、顔にもすごみを感じる。この年の最後を飾るのに充分の尺ヤマメであった。

それにしても、上手い具合に自分にチャンスが回ってきたものである。尺ヤマメはやはり釣ったところを誰かに見てほしいものであるし、できればニコパチも撮ってもらいたい。そんな条件を満たした、最高の尺ヤマメであった。

秋の尺ヤマメは、やはり釣りやすい。食欲が警戒心を上回ってくるため、大きめのエサに対しての反応がよくなる。ある程度確信が持てたポイントでは、粘りが必要である。とくに水深があったり流速が速かったりする場合は、同じコースを何度も流す必要がある。大きめのシルエットのフライをしつこく流すことによって、沈んでいる大ものを引っ張り出すのである。少し上流に引っ掛けながら流す、逆ドラッグドリフトも効果的である。

この年の役内川がシーズン入りを告げたのがこの日である。晴れた日が続き、日に日に川は透明感を取り戻しつつある状況で、今後の楽しい釣りのスタートを感じさせてくれる。一気に若草色が山を飲み込んでいく。草木に水を吸い取られているのが分かるくらい、それと同時に水位が下がってくるものである。年越しの尺ヤマメを釣る最初のチャンスは、この瞬間を逃さないことである。前年度に尺ヤマメを釣った場所は要注意で、その秋に卵を抱えていないメスなら可能性はさらに高まる。産卵に参加しなくなったヤマメは、何年も生き続けることが確認

できているため、超大型に育ちやすいと思われる。

そのような理由から前年度に2回釣った尺ヤマメにターゲットを絞っていた。一度目に釣ったのは、8月で33㎝、二度目は9月に釣った、記憶されている方もいるかもしれないが、『FlyFisher』誌の取材時の33.7㎝である津留崎健さんの撮影で表紙も飾ったヤマメで、9月の時点でおなかがスマートだったので、これはその手のヤマメであるという確信があった。しかもリリースしたのは尺ヤマメの有名ポイント「笹プール」であるため、越冬の可能性が高く、場所移動もしていない

ろうと考えたのである。午後のわずかな時間しかなかったため、真っ直ぐポイントに向かった。川が見えるところに行ったらすぐに、ヤマメのような、浮いている魚影を確認できた。少し高台からではあるが、距離にして50mくらいはあるのだから、かなりデカイ魚である。興奮を抑えつつ慎重にポイントに近づいた。もう、イルカのようなライズを頻繁に繰り返している。背ビレが出るのではと思えるほど水面すれすれに浮いて、右も左も流れてくる全部のエサを頬張ろうとしているように見

えた。大きさからいってもあのヤマメに間違いはなく、自分のミスさえなければ釣れる状況である。このようなミスさえなければほとんど失敗しないようになってはいたが、いまだに手先が震えるほど緊張してしまう。絶対に失敗は許されないと思うほど、体は萎縮し思いどおりに動かない。それを乗り越えて釣るからこそ、達成感があり面白いのである。

このドルフィン・ライズ状態は、意外な難しさがある。よい場所にフライが入ればよいくらい大胆に捕食するのだが、ったないプレゼンテーションに対してもすさまじい追い食いをしてしまうのである。それを防ぐには、着水直後にどうなるかを判断して、ダメならピックアップする。そのためにも1mは上流に、よい形で入るまでプレゼンテーションし続けなければならない。

それでも数投目で綺麗に入って、思いどおりのドリフトになった。あっさり、ガップリ♯11ピーコックパラシュートは押さえ込まれ、アワセは軽くラインを空中に跳ね上げる程度。しっかりフッキングできたらしく、変則なファイトにはならなかった。掛かりどころが悪いときには、ローリングが長く続いたり足元に突っ込んできたり、予測不能なファイトになって外されることが多いものである。ネットに入ったヤマメは間違いなくあのヤマメである。1回り大きくなってはいる

が、幼い顔の表情といい、黒点の少なさといい、まさに去年のヤマメであった。

その年はもう見ることができなかったが、次の年にSさんが36.5㎝で釣りあげた。写真を見せてもらったが、間違いなくあのヤマメであった。尺を超えてから3年間生存を確認できた個体は珍しくはないのである。さすがにそれ以上となると僕の経験でも1尾のみであるが。

緊張したときの対処を、自分の解決法で説明する。大ヤマメとの対戦や人前など、緊張するシチュエーションでの釣りは腕を上げさせてくれる。それくらいの緊張感の中での経験こそ、その後の釣りに生かされていくのである。

僕の場合は、力を抜かないことにしている。これはリラックスして力を抜くのが最良と分かっていても、自分ではコントロールできないため、最初から意識して力を入れるのである。そのように意識して力を入れる動作に集中できる。これはあくまでも自分の対処法であるので、それぞれがそこを乗り切る術を身に付けるとステップアップできると思う。慣れてくると緊張感を楽しむことができ、わざと自分自身の緊張感をあおってポイントに挑むことができるようになる。1日の釣りにメリハリをつけて、釣りを楽しむのが面白いと思う。

Gallery 07

41.0cm
Date 6.19.2006
天候 曇り
秋田県役内川

この時期の役内川は、もっとも騒がしい季節である。雪代も完全に安定して、上流から下流まで釣りが可能になる。時間的にも昼が長く、早朝から夕方まですべての時間で釣ることができる。この時期にねらいを定めて釣りに来る釣り人の数も絶頂期になるわけだ。僕も遠征の方々を案内することが多く、5～6月は自分の釣りがほとんどできない（といっても、一般的にみればかなり釣りに行っているのだが……）。18日にSさん、Hさんと役内川上流部に入った。僕はそれほど釣る気はなく、2人が楽しんでくれればと思っていた。堰堤を高巻きして、僕が先に上に出た。ここには去年まで40㎝ヤマメがいたんだよなと思いつつ、ふとコンクリート沿いの巻き返しを見ると何と、その大ヤマメがいるではないか。それを

見た瞬間に、2人に楽しんでもらおうと思っていたのがぶっ飛び、自分がねらうことにした。釣り人である以上、こうなることを止めることはできないし、彼らも分かってくれている。

相手は百戦錬磨の大ヤマメである。前年度に500m以上も上流でそのヤマメを釣ったのだが、まさか年を越えてまた対戦できるとは思っていなかった。そもそも、そのヤマメとの出会いは3年前にさかのぼる。その年、禁漁間際に同じ堰堤上で35㎝を優に超えるヤマメを発見してねらったのだが、フライを食わせることはできなかった。翌年は見られなかったが、前年度に上流へ移動していたのを発見して釣ったわけである。その時点で40・5㎝であった。そして今、巻き返しにいるのは、明らかにそのヤマメであることを確信できる身のこなしと大きさである。なんとか1投目で決めたいのだが、何せ場所が悪い。自分のほうを真っ直ぐ見ているし、立ち位置は堰堤の上のみである。キャストしようと身を乗り出せば簡単に逃げてしまいそうで、しかし顔を出さないことにはピンポイントにキャストするのは不可能である。距離が短いので、見ないでキャストしてから、顔半分だけコンクリートから出してフライを確認することにした。逃がすことなくまんまとフライをヤマメの前に運ぶことがで

きた。ところが、ヤマメはフライに口をあけて近づいてから、寸前で身を翻しスプークしてしまった。僕は重大なミスを犯していたのである。それは、ヤマメの動きからフライのせであるとすぐに察することができた。去年釣ったフライと全く同じ#11のピーコックパラシュートを使用してしまったのだ。ヤマメに聞くことができるわけではないので本当のところは分からないが、まさにおぼろな記憶を呼び覚ましてしまったかのような反応であった。

次の日はまた別の遠征組のお付き合いであったが、その方々のお承諾を頂いて、そこだけは自分にやらせてもらうことにした。お昼前に堰堤上に着き、例のようにのぞき込む。全く同じ状態であのヤマメは浮いていた。同行者たちはまだ堰堤下を釣っているようで上がってこない。自分1人の世界で集中した。チャンスは1投目のみであることを確信しているし、かなりの緊張感はあるが、昨日キャスト練習はさせてもらっているのだから失敗するわけにはいかない。コンクリート壁から顔半分出してタイミングを計った。ヤマメはゆっくりクルージングしながら、同じところに来たときにライズを2回ほどしているようだ。チャンスはその瞬間であると。ライズする場所に差しかかる50㎝手前に来た瞬間にフライが落ちるタイミングで、見えない体勢からキャストした。キャストし

てすぐに顔半分出して確認すると、真っ直ぐフライに向かってあっさりと食ってしまった。やはり、フライパターンを替えただけで出るのである。#15のブラックアント・パラシュートであった。

掛かった瞬間に、去年と同じように大ジャンプを2回した。その後深場に疾走した。その後ローリングを繰り返し、#3ロッドはバットからひん曲がり、のされ気味ではあるが、そこからが竹ザオの信頼感である。しっかりヤマメのパワーを吸収しつつ、危なげなく寄せることができる。1分ほどのファイトだと思うが、かなり長い時間に感じられた。最後が要注意で、堰堤上を乗り越えられると10m下に落ちてしまう。そうなると一瞬で切れてしまうことは、ほかのヤマメで何度か経験している。落下を防ぐためコンクリートから降りて、立ち込んでのランディングである。ネット部分を深くしている

ため、28cm枠のランディングネットでも一度ですくうことができた。

魚体を見ると、やはりあのヤマメであった。ちょうど取り込んだところに皆が上がってきて祝福してくれた。サイズを測ると、41cmである。1年で成長5mmとは、もう限界に近いのだろう。35cmを超えてから4年越しであるわけだから、少なく見積もっても7〜8年は生きていたヤマメである。しかも、この区間は道路から離れていて放流もできず、ほぼ繁殖ヤマメのみの区間なのだ。

その後も、数ヵ月は生存できていたのだが、大増水の後に見えなくなってしまった。ポイントの真ん中に倒木が横たわり、釣りのポイントではなくなってしまったのである。どこか別の場所で生きていて、数年後にでも会えたらと思わせるような、妖しい雰囲気をもつヤマメであった。

Gallery 08

29.0 & 35.0cm
Date 9.19.2006
天候　曇り
秋田県皆瀬川

この年の皆瀬川上流では、大ヤマメの目撃情報があった。数年前に栗駒地震で土砂崩れがあり、支流の春川に自然湖ができてから5～6年は経っていたと思う。地震から2年は完全に上流部は不通で手付かずであったが、その後行けるようになってからはパラダイス状態が続き、尺ヤマメがかなりの数生息していた。この川のヤマメ止となる三滝（みつたき）までは車止めから真っ直ぐ歩いても2時間半ほどかかるため、僕も滅多にそこまで行くことはなかったのだが、その年の夏、友人A君が大ヤマメをやらかした。その話を聞いてからも、労力を考えると悩んでいた。そこに仙台の友人Sさんから、皆瀬川の上流を案内してくれと誘いがあった。ここで、最後の三滝は自分が釣る約束で案内することになったのである。もう秋田の禁漁間際の19日のことである。ちょうど前日に雨もあり、その日も曇りで好条件が予想された。目的が春川の最上流部のため春川出合まで1時間以上歩いてからの釣りスタートである。

この川の最大の魅力は、ヤマメの質である。20年以上も前に下流で放流されていたヤ

マメたちが、上流に入り込み再生産を繰り返しているのだ。その質たるや、日本一ではないかと思えるくらい美しい。グリーンバックにグリーンのパーマーク、黒点は少なく色白できめ細かいウロコと肌つや。僕にとっての理想のヤマメたちが生息する川でもあり、家から最も近い川でもある。しかし、アクセスが悪く歩いてしか上流部には行くことができない。これだけの苦労を強いられる割に、釣りは条件に左右されやすく難しい。

川の様子を下流から説明する。大湯温泉を越えたところに右に降りる旧道跡があり、50mほど下がったところに駐車スペースがある。そこから昔の軌道跡を上流に向かうが、自転車やバイクがあれば田代沢出合の下流にある壊れた橋までは行くことができる。そこまでは歩いて小一時間かかるが、川は長大なゴルジュのため釣りは不可能。ただ歩くしかない。壊れた橋からの皆瀬川本流は開けていてダイナミックな渓相が続く、たいした悪場もなく春川出合まで釣ることができる。釣りをしながら上流に上がると1日近くかかってしまうので、上流を目差すにはパスすることになる。その場合、そのまま軌道跡を春川出合から春川までは歩くことになる。壊れた橋から春川までは

50分ほどである。このように春川出合から釣りを始めるためには、車から1時間50分はかかる計算になるのである。実際は小走りに急ぐので1時間半で到着できるのだが、かなり体力を消耗する。そこから右俣が皆瀬川本流筋の虎毛沢、左俣が春川となる。虎毛沢も上流までヤマメは入っているのだが、水質がいか春川の10分の1ほどしかない。そのため、ここまできたら春川を目差すことになるが水量は少なく、平瀬やフラットが多い。魚を走らせまくりの釣りになるのである。

この日もいつものように走らせながらの釣りではあったが、Sさんは数尾の皆瀬ヤマメを釣ることができ感激していた。サイズ以外の感動は、美しさもあってのものであるし、これだけ歩いて辿り着いていることも相乗効果であると思う。とくに、以前自然湖ができていた区間を過ぎてからの魚影はすさまじく、8〜9寸ヤマメがほぼポイントごとに釣れた。三滝まであと少しのところにある小滝を右のロープを使って乗り越え、核心部には午後3時に着くことができた。ここからはまたアベレージサイズが上がり、29㎝の美しいヤマメも釣れた。三滝はすぐそこである。正面に大きな滝が落ち、右からは細いナメ滝が入ってくる。15mほど下流に左から滝となって支流が合わさり、一度に3つの滝を眺めることができる。これが春川のヤマメ止めの滝「三滝」である。大ものが着くのは真ん中の滝壺で、水深もあり両脇

が巻き返していて絶好のポイントなのだ。まずはそっと滝壺の縁に上がって様子をみた。幾分増水した流心は流れ出しまで轟々と流れている。その両脇には9寸クラスのヤマメが、数尾定位してライズしていた。大ものは巻

き返しか？　そこにも尺近いヤマメが下流を向いていたが、こんなものではないだろう。さらに目を凝らしてあっちこっちしているうちに、流心ど真ん中の激流に浮いている大きな影を発見した。白泡が太い筋となって

白濁した状況で、水面すれすれで右に左にエサを捜してうろついているのが微かに見えている。これは水面直下のフライが絶対的な状態である。フライは#11ピーコックパラシュートで大丈夫。視界に入れればガッツリ食ってくるはずと確信してキャストした。しかし、何度真上にやっても反応する程度で、捕食までには至らず苦戦している。

これ以上やってもスレさせるだけなので、張り付き系のスパイダーパラシュートに替えることにした。もしかしたらA君が見ていたかもしれない。結果はチェンジして1投目にでた。激流のような捕食で、見とれてしまいアワセが遅れたが、それでもしっかりとフッキングした。引きは強かったが、この滝壺には障害物もなく安心のやりとりである。浮き上がったのは、ニジマスのように黒点が多い尺ヤマメ35㎝であった。このことはA君からも聞いていて「デカイのをやらかしたけど、ニジマスかも」といっていたのである。「そんな奥にニジマスがいるわけないだろ！」と一蹴したが、魚体を見て納得した。養殖場などで交配が繰り返されると、黒点が少ない個体と多い個体が現われると聞く。ここでは長年の近親交配により、その両極端が出現していたのだと思った。これも自然現象であり、野性の力であるる。そのワイルドな魚体は、おそらく一生忘れることはないと思う。

Gallery 09

36.0cm
Date 5.14.2004
天候　晴れ
秋田県十分一沢川

この週末に仙台から友達が釣りに来るため、前の週から院内川水系を回っていた。1週間前には雄勝川が爆発！　よい感じで季節が進んでいるようで、その週末には子吉川水系の丁川あたりがシーズンインしそうなので、そちらも視野に入れていた。あと数日になったところで、丁川の状況を確認しに午後3時頃家を出たのであった。

湯沢から丁に向かうのは、R108ができてからは便利になった。R13から院内でR108に入れば、15分ほどで丁川の流れを確認できる。その道中、ふと寄り道をしてしまった。材木工場の前を流れる十分一沢をのぞき込んでしまったのが運命である。時間は午後4時に近かったが、オオクママダラカゲロウのスピナーが乱舞していてライズが見えてしまった。ここで寄り道をすればライズが確認できる丁川は確認できないし、だからと

いって丁川に行ってしまえば釣りをする時間もない。このような場合今日は釣りができるほうを優先してしまうのが悪いクセである。材木置き場前の堰下をしばらく見たが、最大魚は8寸程度である。時間もないので、その上のフラットから始めることにした。

十分一沢は、5月の爆釣河川でもあるが規模が小さい。南沢との合流から、院内銀山跡までの1.5kmほどがフライで釣りが可能な区間である。ヤマメが8割、イワナが2割であるが、魚影はすこぶる多く尺サイズも珍しくない穴場的な川でもある。地元では院内銀山跡地での幽霊話があとを絶たず、エサ釣りの人もどうやら敬遠しているように感じる。そのため魚は温存されているのだが、霊感の強い方はやめたほうがよいかもしれない。もちろん僕は全く霊感などなく、気にしたこともないし怪しく感じたこともない。少し被っているのは川の規模からいって仕方ないが、アシが伸びる6月まではなんとか釣りになる川である。

もう午後4時半を回り、時間もないので早速流れ込みに向かってアプローチを開始した。柳の枝が両サイドから張り出していて、その間では数尾のライズが見られた。それから釣ろうかとも考えたが、よく見るとサイズは20㎝ほどである。普段なら間違いなく小さくても順番にやっつけていくのだが、今日は何せ時間がない。ここから50mほど上流の瀬が気になっていたので、手を出さずに流れ込みの瀬のみをやって上流

に向かうことににした。ヤマメたちはまだライズを繰り返していて、無造作に流れ込みの柳の下に滑り込んでいて、無造作に流れ込みの真横に立っても警戒されていないようだ。風も全くなく、オオクマのスピナーが乱舞し、流れ込みのみが静まり返っていた。

フライは#14のブラウンパラシュートを結んで、1mほど流されたときに、ゆっくりモッコリと水面が割れ、フライが押さえ込まれたのであ

る。瞬時に合わせたが、デカイ！ 40近いイワナが掛かったのかと思った。柳に潜られないようにサオを寝かせて引きをこらえたとき、ギラッギラッとローリングする魚体が見えた。間違いなくヤマメである。それまで相手をしたことのない大きさであることは分かったが、足場が高いうえに水深は深く柳に囲まれたポイントである。どこで取り込むか悩んだが、ぎりぎり水に入っても大丈夫そうだったので飛び降りた。予想どおりへそくらいまでの水深しかなく、これでもうすくうことができる。25cm枠のランディングネットだったため、2回すくい損ねたがようやく取り込むことができた。その時点で、僕の最大ヤマメとなる36cmであった。

このヤマメが釣れた要素を、偶然だと思っては先に繋がらない。冷静に分析してみると、時間帯、アプローチ＆ねらい方、フライの選択、すべてが上手くいってしまったパターンではあるが、その後の自分の釣りには大いに役立っている。要するに大ものを釣るための3大要素は、時合、アプローチ、フライなのである。どれが欠けていても成立しないため、それを常に意識することでより可能性が高まるのである。釣りは、失敗から得ることはよく分からないが、成功からはかなりの事柄を得ることができる。成功の積み重ねこそ重要であると思う。

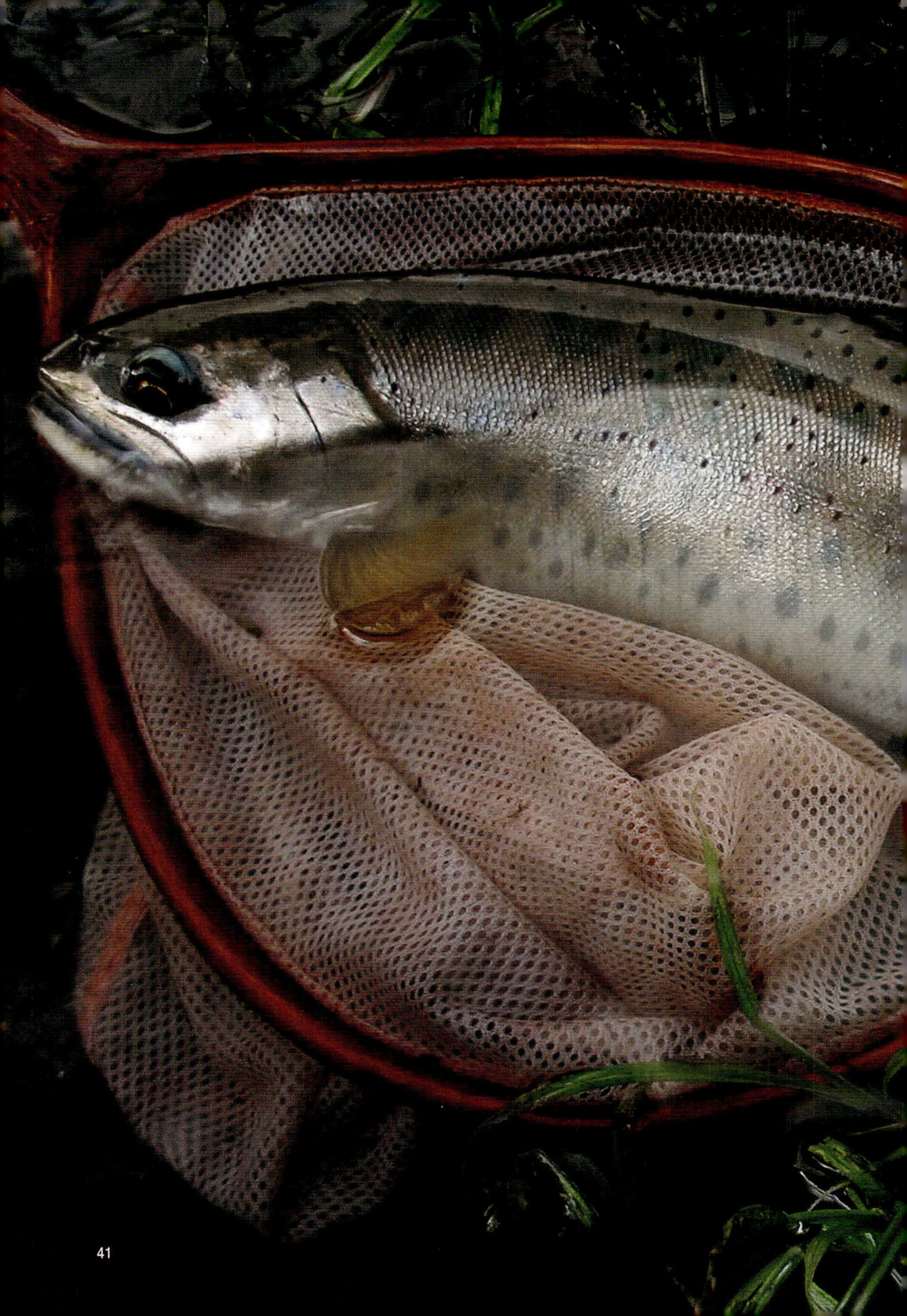

Gallery 10

32.0&30.0cm
Date 8.27.2003
天候　晴れ
秋田県生保内川

数年前から始めたガイド業であったが、やはり近所の川だけでは足りなくなっていた。そろそろ新しい川を捜さなければならない。以前からイワナ釣りには行っていたのだが、しばらく足が遠のいている生保内川を下見に行くことにした。お盆過ぎに雨が続いて、かなり川は増水気味であったのだがなんとかなりそうだ。シトナイ川合流までの区間を釣るつもりだったが、やはり水量が多すぎて川を遡行できないようである。仕方がなく、シトナイの合流点から入渓した。

僕の生保内川のイメージは、夏に行くところがないときのお茶濁し的な場所である。どこも渇水のときでも何とか水量を維持していて、飽きない程度にイワナが顔を出してくれる。その程度の感覚しか持ち合わせていなかった。これだけの川をその程度にしか評価できなかったのは、釣りのスタイルが今とは全く違っていたからだ。この川の源流部に行っていた頃は、5番ラインに#12スピナーのフライ、リーダーは4×9フィート直結である。当然、流れの手前側のストレートラインがメインとなり、それで釣れてくれる魚など微々たるもの。そのようなシステムでの釣りしか経験がなかったので、この川の実力を知らずにいたのだ。この釣りの後からは、今までのイメージは全部捨てて、新しい気持ちですべての川を回り直すようになったのであった。

生保内川で初めてロングティペットの釣りしてみると、恐ろしいくらい魚だらけなのである。とくに対岸のタルミには確実に良型のイワナが入っていたし、流心からはヤマメまで飛び出す始末。増水でコンディションがよかったのもあると思うが、システムの違いでこれくらい別の川のように感じるのも珍しい。僕以外に釣り人の姿もなく、独り占め状態で楽しむことができた。

1時間ほど釣り上がっただろうか。右が岩盤になっている水深のあるプールに出くわした。ヒラキでイワナが出たが、軽く流して上流に上がろうとした。左の石組みに、ふと流れを見ると何と、3尾の大きな魚影が浮いてライズを見るとした。ラフ見を繰り返していたのである。ラフィズフォームは顔を出さない程度の静かな感じで、魚が見えていないと判断しにくかった白っぽい魚体はどうやらヤマメのようである。

あわてて後退りして釣りができる位置に戻った。尺ヤマメが3尾もライズしている光景など滅多に見られるものではなく、極度の緊張感を覚えた。もっともデカイやつに的を絞って釣らないと後悔しそうなのは想像できたので、そのチャンスのタイミングを待った。

どうしても下流に回り込むと水中が見づらいようで、魚をよく把握できない。近づくと水深が深くなるため、さらに角度がなくなり見えないし、困ったものである。微妙な位置調整をしつつ、見える流れにクルージングしてきた瞬間をねらった。フライは#10のピーコックパラシュート。半沈みのテレストリアルを食っているのは想像できるので、見つけてくれさえすれば出るはずである。なかなかタイミングが合わず苦労したが、7、8投目くらいで頭上にフライが流れると、あっさりと静かにフライを捉えてくれた。すぐにローリングしたのでヤマメだと確信して下流に誘導して取り込んだ。32cmの尺ヤマメである。この川にヤマメの期待などしていなかったため、驚きもあったが本当に来てよかったと思った。

その後も残りの2尾はライズしていたが、釣りが雑になってしまい失敗した。イワナも良型を連発しすぎて、これまた雑な釣りになってしまう。よい流れにはかなりの確率でイズフォームは顔を出さない程度の良型のヤマメが浮いていたため、それを専門にねらうことにした。1日で何尾の尺ヤマメが釣れることかと思ったが、結果的には30cmを1

尾追加するに留まった。やはり結果に目がくらみ、追い掛け回すような釣りは自分には合わない。というより、性格的にすぐそのような釣りに走ってしまいがちなので、それをいかにコントロールして丁寧に釣るかが大事だと思った。

また、尺ヤマメをものにするには、サイトフィッシングがやはり断然有利であると再認識した釣りでもあった。それ以前から尺ヤマメは真横から姿を見て釣った経験が多かったのだが、間違いなくその方法が確率が高いのである。見ていてヤマメの動きを確認しながらの釣りでもなかなか食わないことも多いのだから、ブラインドでの確率の低さは容易に想像が出来る。まず尺ヤマメを釣りたかったらサイトにこだわる。これが大事である。

この後、生保内には年中通うことになっていったのだが、魚影の多さには常に驚かされる。まさにロングティペットのための川のような感じで、テクニックを磨くのにはうってつけの川であった。先行者がいても、サオ抜けを捜す練習ができるし、増水時などはヤマメをねらうこともできる。石がしっかり入っている傾斜の少ない流れのため、ポイントは無数にあり、どの区間でも楽しむことができた。これくらいの流れは全国どこにでもありそうなものだが、なかなかどうして貴重な川のようである。この素晴らしい流れが永久に続くことを希望してやまない。

2章
尺ヤマメの実態

渓流の尺ヤマメは釣り人を虜にする。
完成されたその美しさ、翻弄される性格、
そして鮮やかにフライから逃れる独特のファイト。
その知られざる実態と、尺ヤマメに出会うための
フィールド選びの基本について解説する。

日本が誇る渓流魚、ヤマメ。この大きさで、ここまで完成された美しさをもつトラウトが他にいるだろうか

1 ヤマメという魚の魅力

ヤマメ。この魚を抜きにしては、日本のフライフィッシングは語れない。なぜそこまで釣り人を魅了するのだろうか？　まずは何といっても、カッコイイ魚なのである。この程度の大きさで、ここまで完成された美しさをもつトラウトが他にいるだろうか。僕の感覚では、世界中で最も完成された美しいトラウトだと思っている。大きさでいえば、中でも31〜33cmの尺ヤマメが好きだ（もちろん大きいに越したことはないが）。肌の質感やウロコのきめ細かさも重要だ。その上パーマークもはっきりと残り、婚姻色の出ていない鼻の尖がったオスが、僕にとっての最上級のヤマメである。こんなヤマメを手にすると、本当に感動する。ずっと眺めていたいし、リリースしたくないが、もちろん殺したくもない。きれいに写真に収めて、あとから見直してまた感動できれば最高だ。そのためにも明るい時間に釣るのはなんともったいないと思ってしまう。ストロボで不自然に光った写真にも感動を覚えない。雨の増水後

ヤマメは基本的に警戒心の強い魚だが、何かの要素でスイッチが入ると、とたんにおおらかになることがある。たとえば雨による増水はその1つ

などでスイッチが入っていれば、多少ミスしても簡単に釣れてくれる。神経質なときは、いくら理想どおりにキャストが決まっても全く相手にされない。通い続けても釣れないこともあるのに、たまに来た遠征の人が釣ってしまうこともよくある話だ。とにかくつかみどころが難しい。これもまた、翻弄されることで追いかけたくなる気持ちが強くなっていくのだ。

　釣り味という点からも、ヤマメは素晴らしいターゲットとなる。まずはローリング。これはほかの魚にはない動きで面白い反面、この動きこそがバラシの原因となることが多い。それを防ぐために、ロッドアクションであったり、フックであったり、やりとりも含めた各要素が日本独自のフライフィッシングを発展させてきたと思う。もちろんこれらの要素をメーカーや釣り人にかけようという志がメーカーや釣り人になければ、発展も何もないのだが。

　捕食動作も独特のものがある。ヤマメは25cmを超えたくらいから、ニジマスでいえば40cmオーバーのライズフォームの雰囲気

次にヤマメの性格である。

ストマックのサンプル。季節やハッチで捕食対象が変化するのは当然として、偏食傾向が極端な場合とそうでないときとでは、釣りにも大きく影響してくる

を醸し出す。フラットでゆったりとヘッドアンド・テイルでライズする尺ヤマメの姿に、ヘンリーズフォークの20インチレインボーのライズを超越する興奮を感じる……のは自分だけだろうか？　そんなライズフォームのまま自分のフライに出てくれたなら、と思っただけで頭がどうにかなりそうだ！　それほどの興奮をあのサイズの魚が生み出すのだから不思議である。

スピード感。これもどのトラウトをも凌ぐと思っている。アップで掛けた瞬間に自分の横をすり抜け、ラインを弛ませハリを外していくのはDNAのなせる技なのだろうか。岩の多い場所ではジグザクに走り回る。ラインの先端がロッドに入ってしまうと、リーダーが見えないくらいのスピードで走るので魚を追うのも一苦労である。尺ヤマメの貴重さも手伝って、スリル感抜群で心臓に悪い。

取り込みの瞬間も気が抜けない。もう大丈夫と思ってネットを差し出した途端に、大暴れしてハリが外れる……こんな経験もよく聞く話であるし、僕も数え切れないほど経験している。本当に最後まで、気が抜けない魚である。だからこその完結したときの達成感は例えようが

ローリングによって魚体についたティペット痕。このヤマメ最大の武器を克服するために、釣り人はさまざまな工夫を重ねてきた

トロ瀬を疾走するヤマメ。このスピード感がたまらない

と、ざっと思い出しただけでも書き切れないが、僕の釣り人生の中で、ヤマメほど夢中にさせてくれる魚はいない。そしてもう1つ、「自慢できる」という部分も付け加えておこう。僕は釣り人として人間ができていないので、未だに釣果を他人に自慢しないと釣りが完結しない。しかしこのようなことは多くのフライフィッシャーの共通点でもあると思うし、だからこそヤマメ自慢は誰もがうらやましく感じるのではないだろうか。明るい時間にドライで釣った尺ヤマメにケチがつくことはほとんどなく、他人のそのような自慢話を聞いていても余韻を共有しつつ増幅して楽しめる。このような魚種に真剣に挑まずして、何に挑もうというのか? まずはここをクリアしないと次には進めないし、一生かかってもヤマメ釣りはクリアできないかも、とも思えるくらいの奥深さを感じている。

ヤマメの話になると少し感情が先走ってしまうようだ。あくまでも以上のことは僕の主観なので、興味のない方はどうか受け流してください。

2 尺ヤマメの実態。何年生きているのか?

ヤマメの平均寿命は2〜3年である(大部分は2年で終わり)。これはほぼ間違いのない事実だが、上流部に棲む魚ほど年を越す可能性が高いようだ。これは上流部で釣れたヤマメに3歳以上の個体が多いことで実証できると思う。理由は推論を含むが、事実のみを受け止め釣りに生かすほうがポジティブである。要するに渓流で尺ヤマメを釣るなら、上流のほうが可能性は断然高い。意外に思う方も多いかもしれないが、逆に中・下流域は同じ数の個体が尺になったとしても、居場所の特定が難しい。尺ヤマメをねらって釣るには、どうしても上流のほうが可能性が高くなるのは、東北を中心に釣っている僕の実感である。

逆に2年で尺を優に超える成長を示す河川の場合は、全く違う質の釣りにな

る。関東以南の河川ではそのような川が多いし、東北でも本流域では2年で35㎝を超える成長をする個体のいる河川もあることが分かっている。このようなヤマメをドライフライで釣るには、ハッチの時期にライズねらいをするのが唯一に近い手段で、時間帯や時季を外すと生命観すら感じないことも珍しくない(東北ではライズなしの釣り上がりでも攻略可能なことも実証されてきている)。また、途中のダムや堰堤など止水域からの「上りヤマメ」に至っては40㎝を超える個体も珍しくないようで、サクラマスと見間違うほどだ。

それでは、渓流の超大ものはなぜ出現するのだろうか。

意外に簡単なことなのだが、そう簡単には死なない個体が存在するのである。僕の知る限りでは、上流域の35㎝を超え

には35㎝を超えてから同じヤマメと4年間顔を合わせた経験があるし、3年の個体とは何度もあるからだ。しかも年々成長度は落ちるが、少しずつ大きくなるようである。そのようなヤマメの出現率が高い川が、尺ヤマメで有名な川になっているのか

る個体のほとんどがメスである。これは尻ビレが異常に長く伸びている(P49写真)ので判別できる。推測だが、普通は産卵の際にすり切れてしまう部位が、成長ホルモンが活発なために伸びてしまっているのではないか。要するに、産卵で最初から生殖機能がないのか、1回の産卵を乗り越えて生き残ったメスが生殖機能を失うのか、原因は定かではない。しかし、そのような個体が下流の本流域で釣れたことはなく、釣友間での報告もない。このような、上流の環境が生み出す怪物ヤマメは、東北では各河川に存在する可能性を秘めている。もちろん、全国各地での確認もできている。

その怪物ヤマメは、何歳まで生きられるのだろうか。私的な感覚では最長10歳ぐらいまで生きているように感じている。僕

今まで出会ってきた上流域の35cmを超えるヤマメの個体は、異常に伸びた尻ビレなどからほとんどがメスと判別できた

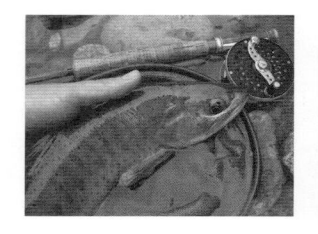

ヤマメは何年生きるのか？　上は05年7月29日に釣れた40.5cm、下は翌06年6月19日に釣れた41cmのヤマメ（1章gallery 7）。そして拡大部分の目の上の黒点でわかるように、これらは同じ個体である

このようなヤマメがなぜ生きられるのか。それは、釣られなかったか、リリースされてきたからのどちらかしかない。現在、エサ、ルアー両方の釣りでも釣り具メーカー側を含めてリリースを推進しているが、たとえば僕の地元知り合いのエサ釣りもルアーマンもキープ派だ。これは決して違法ではないし、責める部分は何もないことをフライフィッシャーは理解する必要がある。僕はリリースするが、リリースしない人をとやかくいうつもりは全くない。根本的には自然が好きで、自然と付き合いながら遊び、暮らしていこうと思う気持ちがある方々は仲間だと思っている。

少し話がそれたが、生き残るということはキープされる釣りでは釣られていないヤマメであり、釣られてもリリースされているのである。このことからも、そのサイズまで生き残っているヤマメはエサやルアーには難しい性格のヤマメであることが普通で、もちろんフライにも簡単には食いつくことはない。水中の釣りには警戒心を強くしているようで、小さいニンフを入れても逃げる場合が多い。それでも可能性を残すのが、ドライフライでの水面の釣りだと思う。

3 尺ヤマメに的を絞るためには。川の選び方

尺ヤマメに的を絞って釣るには、単純だが、尺ヤマメがいるのを確認できてから釣るということである。まずは尺ヤマメを見つけないと始まらないのである。そのためには浮いているヤマメを確認するか、大ものと明らかに分かるライズを捜さなければならない。とにかく尺ヤマメの可能性が高い川を選び、大きなプールなどの居つきポイントを捜しだすことが重要である。

尺ヤマメに近いサイズ以下には手を出さないことも大切だ。そうするだけで、かなりのサイズアップが期待できる。その分、釣れる数は減ることになるし、サオを振る回数も減ることは覚悟しなければならない。

上流部で尺ヤマメをねらう場合、釣れる条件としては、水面近くにヤマメが見えて、ライズしていることがほとんどである。

だから、いきなりサオを振ることなく水面に注意を払い、ヤマメ捜しをすることを最重要視しなければならない。ヤマメを釣った経験のない方は、この最初の段階から可能性をなくしていることがほとんどである。よさそうなポイントを前にしたとき、すぐにサオを振りだした時点で可能性はほぼ消えてしまうのだということを覚えておきたい。

上流域では、尺ヤマメのほとんどは、いにもというプールにしか存在しない。そう小さいポイントからの可能性もあるが、やはりプールで育った尺ヤマメが移動したものだ。まずは大場所を大事に考えて観察してから、釣り自体の組み立てを始めるクセをつけるとよいと思う。

では、どのような川に尺ヤマメは多く存在するのだろうか。答えは意外に簡単、

「有名河川」だ。尺ヤマメで有名な川こそ、尺ヤマメをねらって釣ることの可能性が高い川である。多くの有名河川は稚魚放流実績も当然高く、水量も安定していて、ヤマメの育つ環境も整っているものである。

尺ヤマメをねらううえで、漁協の稚魚放流量は絶対に無視できない。これはヤマメの再生産能ろか放流量こそが最重要ともいえるくらいの要素である。これはヤマメの再生産能力の低さにも関係する。海から上流のヤマメ釣り場まで、遡上に支障がない堰堤のない川は、本州ではほとんど残されていない。そのためどうしても放流で新しいヤマメの遺伝子が入らないと、近親交配により血が濃くなって大きくならないような気がする（サクラマスは帰省本能がサケほど極端でなく、適当に遡上するらしい）。

放流量の多い川は、やはり再生産能力が保たれる感じで、美しく大きなヤマメの出現率も上がるようである。しかし、このような状況となっているのは人間のせいであるから、ヤマメの自然繁殖が可能な川になる日（政府が自然再生事業でもやらないと無理ではあるが）まで、放流活動などで種を維持する義務があるだろう。本当ら天然の尺ヤマメが釣れる川があれば一番

尺ヤマメをねらって釣るには、まず尺ヤマメの実績が高い川を選び、大ものが居つくポイントを捜し、そして浮いている尺ヤマメや明らかにそれと分かるライズを見つけることが重要である

釣りのジャンルで考えた場合、やはりフライで実績のある川がフライフィッシングに有利なのは間違いない。これは尺ヤマメがいるだけでなく、水面にエサが流れやすい場合が多く、当然ライズも多い川だということができる。一方で、フライに警戒心が強くなっていて難しいのも事実。逆にエサ釣りやルアーで有名な川は、そちらの釣りに有利な場合が多く、深場が多かったり、急流だったり、水面で釣ることが難しい川が多いようである。しかし、それらの河川でも区間によってはよい場所があるなど、開拓の余地はあると思う。それは彼らにとっても同じことだが。

今まで話題に上らなかった川で、突然尺ヤマメが釣れだすこともある。これは、イワナしかいなかった川に稚魚放流した場合などに多いように感じる。突然与えられた環境で、生き延びようとする種の生命的な爆発力は半端ではない。そうなると放流から2年後くらいから数年間は尺ヤマメの話が絶えない感じで、そこから月日の経過とともににじわじわサイズが下がり、最終的にはその川の規模にあった平均サイズに落ち着くようだ。

なのだが、北海道まで捜してもそのような川は皆無になりつつあるのが現状である。現状を嘆いていても仕方がないので話を進めるが、実際は尺ヤマメの釣れる川の数は全国的に増えている気がする。放流量も安定し、リリース派の釣り人が増え、釣り方自体が進歩している現在、尺ヤマメが釣れる可能性はかなり高くなっているといえる。

写真中央付近とその奥に浮いているヤマメが2尾見える。慣れないうちは静かなプールでも魚を見つけるのに時間がかかるかもしれないが、特に大場所では必ず慎重に水面を観察してから釣りを組み立てる習慣を身につけたい

「昔はあの小さな川で尺ヤマメがボコボコ釣れた」という話の大部分は、このようなことなので悲観する必要はない。昔はよかった話の大部分は、自然自体の問題ではない。1980年代まではそのような放流も少なくなかったようだが、最近は漁協も気を配り、イワナ域までの放流は考慮しているようだ。異常な尺ヤマメの出現は、やはり人為的な要素である場合が多い。

今や川は、雑誌やインターネットなどの情報でいくらでも調べることができる時代である。入渓や退渓場所は国土地理院の2万5千分の1地形図などで確認できるし、ネットでも閲覧が可能なので有効に利用したい。尺ヤマメ情報の多い川を捜し、漁協の放流実績を調べ、どのジャンルの釣りでよく大ものが釣れているのか確認してフィールドを選ぶとよい。そこに、いきなり行ってすぐ釣れることもあると思うが、本来はシーズンを通して釣ってみることが重要である。そのように何年かかけて、自分にとっての尺ヤマメの川を作り出していくことこそ、釣り自体の楽しみでもあるし尺ヤマメとの距離を縮めることに繋がっていくと思う。

3章
タックル論

ロングティペットの釣りは、
ロッド・ライン・リーダーシステムという三位一体の
バランスでタックルが成り立っている。
さらにノットも重要な役割を
果たしていることも見逃せない。
ここでは特にロングティペットの釣りの核をなす
アイテムについて、求められる機能等を再検証する。

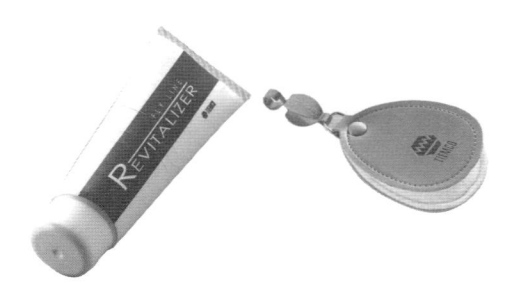

1 ロッド&リール

素材と特徴

ロッドを選ぶ際の注意点から説明したい。まず、素振りのみでロッドの本当の善し悪しを判断するのは難しい。ラインを通して振っても判断しかねる。フライを結び、ポイントにキャストしたところで、まだ分からないものなのである。自分の所有して、何度も何度も、あらゆるシチュエーションで何年も使ってから判断できるのである。

間違いやすいのは、ラインを通してリーダーよりも長いラインを出して釣りをする距離よりも長いラインを出して釣りをしまいがちなものだ。その結果、このパターンのロッドはほとんど渓流ではオーバーパワーとなる。

軟らかくてもラインを通して芯が入るロッドもあれば、硬くてもラインを通してしなやかになるロッドもある。テイリングしやすくて難しく感じるロッドが、ロングティペット&フライを結ぶと、嘘みたいに安定したループを描くこともあるのだ。また、ロッドはそれぞれに合った振り方をしてあげないと、そのよさを読み取ることはできない。いつも自分と同じ振り方では、決まったアクションのロッドしかよく感じられないと思う。ロッドに自分を押しつけず、ロッドの反発と調子を感じながら振ってあげることが、初めてのロッドに対する礼儀でもあると思う。能書きやキャスティングパフォーマンスだけにとらわれず、実釣に必要なロッドを選び出したいものである。

さて、ロングティペットの釣りを成立させるうえで、ロッドの役割はかなり重要であるうえで、どのようなロッドが適しているかというと、やはりスロー気味で全体が曲がり、トルクのあるロッドということになる。

まず、長い距離を加速しながら引っぱってあげることで、長いティペットをトラブルなく運んでくれることが重要であることを理解しなければならない。高反発のティプアクションのグラファイトでは返りが速すぎるし、どうしてもループが狭くなりがちでトラブルを増幅してしまう。スローなロッドでは、ループの幅が広がり、トラブルは減るのである。ただしそれだけでは不十分で、詳しくは後述するがループ広くてもしっかりとした加速するループの上面が必要なのだ（P56図）。

ここでブランクの素材を考えてみる。バンブーロッドを制作している立場から理想をいわせて頂くと、竹が最高の素材である。竹の持つ何にも代えがたい反発力は、一度馴染んでしまえば手放すことはできない。魚を掛ければまた素晴らしい釣り味で、これについても他の素材は遠く及ばないのである。

ただし欠点が多数あるのも事実。まず高価なこと。1本1本、手作りのため人件費を考えると当然の値段ではあるが、高価なことに変わりはない。納期の問題もある。ほとんどのビルダーは1人作業のため年間数十本しか作ることができず、フ

ループの上面が直線的であることが重要

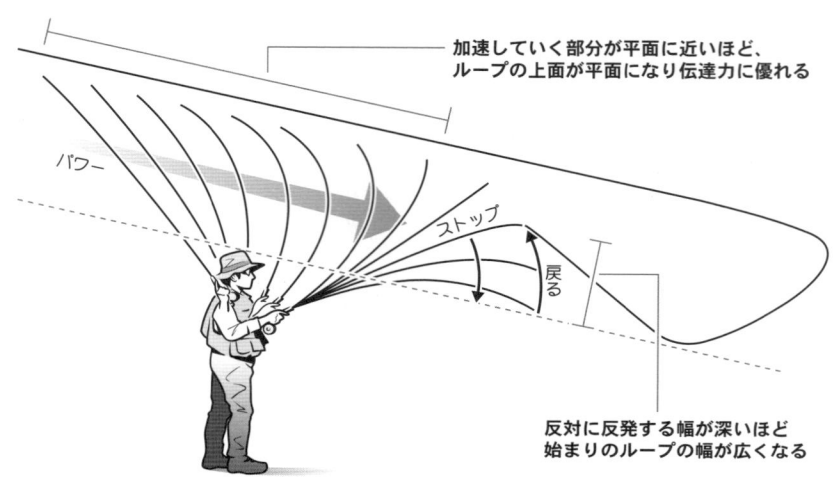

加速していく部分が平面に近いほど、
ループの上面が平面になり伝達力に優れる

パワー

ストップ

戻る

反対に反発する幅が深いほど
始まりのループの幅が広くなる

ルアーロッダーの場合は特に時間がかかる。欲しいと思っても、すぐに手に入らないのはつらい。他の素材に比べて、取り扱いに注意が必要なこともあげられる。ほとんどのバンブーロッドは金属フェルールを使用しているため、まずはそこに慣れないといけない。雨の日などは固着しやすいし、それが原因でスネークガイド破損などの事故が起きやすい。ブランクが自然素材なので温度変化にも注意が必要だ。夏の閉め切った車内などではかなり危険だし、ガイドが凍るような寒い状況でも超危険。ファイトやキャスティングのクセでも曲がりの原因になる場合がある。

竹ザオは、釣りに対してはよい部分が多いのだが、これらのマイナス面を考慮して選ばないといけない。ほかにも重いことや、それによって長さが限定される問題、キャストもそれに合わせた形にしなければならないなど、羅列すると面倒くさいことだらけのようにも感じる。ただ、慣れてしまえばほかのサオと同じくらいの感覚で使用しても全く事故は起きなくなる。要所を押さえて使用すれば、竹ザオでもガンガン使って問題ないし、最高のパートナーになるはずである。これだけエキスパートやベテランたちに愛され、長い間君臨しているのには意味があるのである。

ロッドというのは使いやすいだけでは銘竿にはならない。使いこなして初めて力を発揮してくれるようなものが面白いサオだと思う。そして、使いこなした際に発揮されるパフォーマンスの高いサオこそ、銘竿だと思っている。誰が使用しても同じパフォーマンスでは味気ないではないか。

一方、現在最も普及しているカーボンラファイト素材はどうか。ロングティペットの釣りのためにデザインされたロッドは、当然使いやすい。まずは軽いし、長さともりやすく取り回しがよい。値段も手ごろで取り扱いも簡単。特に欠点はなく、主流になっているのもうなずける。しかし、この特殊な分野であるフライフィッシングでは一味足りない気がしてしまうのは僕だけであろうか。ロッドからもいろいろな楽しみを感じたいものである。

竹ザオにも触れておくが、意外に味グラスにも触れておくが、意外に味

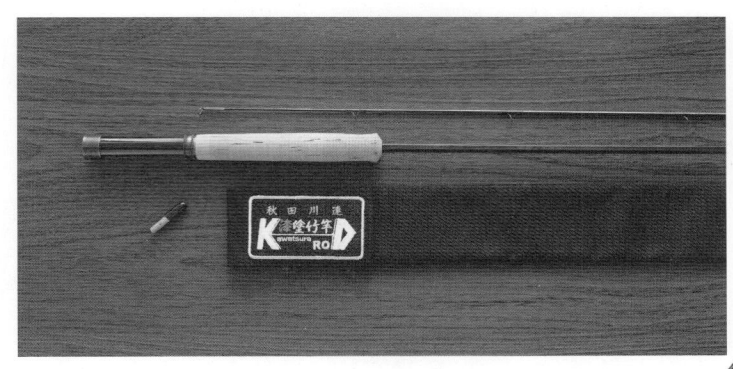

僕のブランド、川連（Kawatsura）ロッド。バンブーロッドはコストや納期の問題はあるが、優れたものは、一度使ったら手放せなくなる魅力と機能を備えている

あらゆる釣りジャンルで現在最も普及しているカーボングラファイト・ロッド。ロングティペット向きにデザインされたものもあり、バンブーほど気を使わずに使用できる

リールはロッドとのバランスの問題さえクリアしていれば、あとは好みで選べる余地がある

よくできたグラスロッドにもやはり独特の味わいがある

あって面白い。魚とのやりとりも有利な部分が大きく、大ものも籠いにいなすことができる。ただし渓流では思いどおりのティペットコントロールやメンディングが必要なため、ロッドに押せるような硬い部分が必要になる。そこがどうしても弱い感じで、本当に厳しい流れを克服しようとしたときに僕の場合は不安を感じてしまう。

要は適材適所。そのためには自分が必要な道具を選び出す能力も重要になると思う。たとえば、風のある本流でライズをねらうダウンの釣りにはグラファイトが有利だし、それほど大きくない川で大もののとのやりとりを想定するならグラス、というように、いいとこ取りの道具選びも腕のうちかもしれない。

僕の場合はバンブーロッド・ビルダーでもあるので、他のロッド素材でなければ攻略できない釣りには出かける時間を作っていない。3～4番のフローティングラインを用いての釣りでは何の不具合も感じたことはないし、不利だとも思っていない。関東の本流のライズも、九州の有名河川も、北海道の50オーバーのニジマスも、バンブーロッドで攻略できていると確信している。

ロッドアクション

ロングティペットの釣りでは、素材も大切だが、最も重要なのはロッドアクションだ。

1. 長いティペットでトラブルなくピンポイントに、思いどおりにフライを運べること。
2. 自分の身体よりかなり前でのロッド操作で、細やかなメンディングが可能なこと。
3. ヤマメがフッキングしてから、トリッキーな動きに対応して楽に取り込めること。

以上の条件を満たすアクションが必要だと考えている。

1を実現するためには、最初に説明したようなスローなパラボリックアクションが最適である。単にスローではなく、張りのある部分が半分より先のほうにあることも重要。その部分が風の中でのキャストやピンポイントへのコントロールも可能にする。ただし僕の場合、渓流の釣りではホールが必要とは考えていないので、バットから曲がる程度の軟らかさが重要になる。これできっちりパワーを乗せて真っ直ぐ振った場合、ティップの軌道が直線に近く動くようになると舟形ループ（P56、85図）を楽に作ることができる。そのループが自然にできるようになれば、ロングティペットはかなり思いどおりになるはずである。

2は、ラインを持ち上げるだけのメンディング（ロールメンディング）ではなく、細かいロールキャスト・メンディング＆ティペットまで送り込む必要性から。大きく弛みを作って振りかぶれば可能だが、それではメンディングの最中にフライが出た場合に対応できない。そのためにはロールメンディングを、ロッドをあまり立てずに行なわなければならない。そのときティップの3番目のスネークガイドまで曲がってくれるアクションが必要になってくるのだ。

3については、不思議なことに1と2がバランスよく組み合わされればマッチする。パラボリックなスロー部分がヤマメの走りをいなし、ティップの柔らかい部分がローリングを吸収してくれる。まさにこの2段アクションこそが、ロングティペットを使ったヤマメ釣りでの理想のアクションである。

以上がロッドについての私見であるが、あくまでも自分が今までこの釣りに取り組んできた上での現在の結論である。

フライリール

リールについては、性能を厳しく求めることはない。使っているロッドに似合ったリールであることと、重量バランスが取れていることくらいで、好きなように選んでよい世界である。

僕はバンブーロッドのみを使用するので、重めのリール（180gほど）を好んで使っている。ロッドの先端よりグリップエンド側に重さがある感じは、キャスティングストロークを安定させる効果もある。そして、すべてのリールは自分の場合、左巻きにセットしてある。移動するときにもロッドを持ち替えずにラインを巻き取りやすいし、リールファイティングの際も同じだ。しかし特に重要視する必要はなく、やりやすいようにすればよいと思う。ただ、ほとんどのロッド操作は利き腕で行なうのだから、反対側の手で巻くのは、ほかの釣り（ルアーや磯釣りなど）から考えても自然だと思う。

もう1つ。性能というよりも、トラブルがないことがリールの生命線。壊れやすい、ティペットがかみやすい、バックラッシュしやすい、などのトラブルの心配がないリールが一番である。それが実際に信頼の置けるリールなのだが、簡単なようで意外に見つからないし、高価である場合が多いものである。

2 ライン〜リーダーシステム

ラインに必要な機能

ラインも快適な釣りをするうえで、かなり重要な部分である。まずはラインのテーパー形状うんぬん以前に、常によい状態で使用してあげることがラインのパフォーマンスを引き出すコツである。ドライフライが浮きにくくなったらドレッシングを施してあげる必要があるのだ。最近の製品にはドレッシング不要などと謳っているものもあるが、僕の感覚ではやったほうが断然具合がよい。そのためには、1日に何回でもドレッシングできる態勢を釣りを始める前に整えておく必要がある。僕の場合は、クリーナーパッドにシリコンジェルとTMCリバイタライザーを混合で浸み込ませておく。この状態でベストに下げて用意しておけば、1日の釣りでラインメンテナンスを何回やっても大丈夫である。ここは重要なポイントなので、面倒くさがらずに実行してほしい。このことは一瞬のメンディングの効果をも左右するし、ピンポットへのコントロールにも影響してくる。最終的には、アワセやフッキングの善し悪しにもかかわることだ。

ラインを上手に使えたら、今度はそのテーパーが重要であることに気がつくはずである。ロングティペットで流れを釣ろうと思ったら、ターン性能は重要でしっかりした急テーパーを必要とする。リーダー自体のバットは細め、パワー伝達性のよいラインティップ部分が必要で、ラインの先端が太いものは使いにくい。理想は完全に水に浮き、細身でそれなりに質量もあり、急テーパーから細いティップが少し長め（30〜40㎝）についているラインである。しかし現実的には難しいようで3Mのラインテストもさせていただいているが浮くことと細身であることは完全には合致しないのが現状のようだ。

そこで現在市販されているほとんどのフローティング#3を使わせていただいた結果、最もよかったのは意外にもスープラ（以前のウルトラシリーズ）であった。3Mの中では基本となるラインで、シンプルなデザインだが、あらゆる釣りに使用可能なラインである。そのような経緯からしばらくウルトラ3〜ウルトラ4〜スープラと使っていたが、ロングティペット用のラインのデザイン依頼があり快諾した。ティムコの開発担当、嶋崎了さんとともに考えたのがLDLラインである。試行錯誤を繰り返し、スープラのよい部分は残して、少しテーパーを急にしてティップを少しだけ伸ばした理想的なラインに仕上がった。まだ初代モデルなのでまだまだ進化の余地はあるが、かなりこの釣りにマッチしてきたと思う。すべての道具が、日本のヤマメ釣りのために進化するのは楽しみの1つでもある。

補足になるが、径の太いラインがなぜ使えないのか？　これは#3か4かという選択にもかかわることだが、太いと水離れがよくないという事実がある。いくら浮いても水離れがよくないのでメンディングに影響するのだ。いろいろ試してみると、よく浮き少し太めのラインより、しっかり

スープラ・ロングドリフトライン（LDL）。渓流のロングティペットの釣りに特化して開発した専用ライン。番手も#3、4に絞ってある

スープラ。3M社のフローティングラインでは定番的な存在。優れたトータル性能をもつラインだ

TMCラインドレッシングパッド。これにリバイタライザーとラインドレッシングを染み込ませて使用する

フライラインドレッシング。粘性の高い高純度シリコン製。

TMCリバイタライザー。ラインに滑りと浮力を与え、ハンドリング感も向上する

メンテナンスしている細身のラインのほうがメンディング能力は高いのである。しかもターンオーバーのリーダーへの伝達のスムーズさも、先端が細いほうがはるかによいことが分かっている。

#4ラインも一考ではある。多少のメンディング能力の差はあっても、質量によるキャスティング性能は捨てがたい。僕も本流の風の日やニジマス釣りにはほとんど#4を使う。ロングティペット使用時にはほとんど#4よりもはるかに分かりやすい。多少のメンディング性能を差し引いても、そのキャスティング能力を得るのも1つの方法だと思う。実際にはメンディングなどしなくてよい形に一発でキャストすることが理想なので、そこからロングティペットの釣りをスタートさせることはプラスになっても、マイナスにはならないと思う。僕自身も#4の竹ザオでロングティペットの釣りを本格化させた経緯がある。その頃は、それが最善だと思えるくらい実績が上がったのだから、ステップとしては間違いないと思う。

リーダーの役割

次に、ロングティペットを使ったドライフライの釣りで、リーダーに要求されることを考えてみる。
1. 細身で、水離れがよく、しなやかであること（軟らかすぎるのは伝達力が落ちるのでよくない）。
2. 長いティペット部分を自分の意思どおりにコントロールできること。
3. トラブルを最小限に抑えられること。

これら3つの要素を高い次元でクリアできることが重要である。

リーダーは現時点の市販品の中では、僕自身は自分がデザインしたアクロンのLDL（ロングドリフトリーダー）が最も使いやすい。このリーダーは全長を15フィートに設定し、その約半分がティペットテーパーのない第2ティペット部となっている。細身のしなやかなバット部から急テーパーでティペット部になり、そこからローテーパーのない第1ティペットテーパー部、テーパーのない第2ティペット部となっている。5Xリーダーであれば、リーダーのティペット部は4〜5Xにスムーズにつながるようになっている（P62図）。そこに6Xティペットを5〜6フィート足せば20フィート以上のロングティペット・システムの完成である。

初めからこのように使用する目的でデザインしているため、操作性とドリフト力のバランスが優れている。ドリフト力とは太いバット＆長いテーパーのショートティップなどは、全長を20フィート以上にしたところで、ドリフト力は伸ばしたティペット部分にしかない。リーダーのティペット部分もドリフトを助けるものであったほうが、効率的である。

9〜12フィートのテーパーリーダーに長くティペットを足すのも効果的ではある。ただ、ティペットは消耗品なので経済性が悪い。一度に10フィート前後のティペットを継ぎ足すのは、かなりの消耗度になる。太さの異なるティペットを2段階に結んでもよいが、どうしてもノット分だけ操作性に欠けてしまう。ノットが1個増えるぶんのトラブルの増加も懸念されるが、それしかない場合の対処としてはこの方法がベストかもしれない。

これらのことを加味して考慮すると、僕の場合やはりLDLに行き着くが、リーダーのティペット部分が長いため寿命が短いというデメリットはある。1日で1本使う感じで使用すると、強度・水離れのいずれの面でも快適に使うことができる。高温時や、ボサが多い川などではそれ

ティペット部が短いものには意味を見出せない。コントロール性能を重視するためのバランスが優れている。ドリフト力（ティペット部分として機能する長さ）であり、それは操作性（意思が伝わる力）であり、伝達力性能）と反比例する要素である。一度このシステムで20〜21フィートのティペット＆リーダーを使ってしまうと、手放せなくなるほどの使い心地である。手前味噌を差し引いても、本当によいデザインに仕上がったと思う。試したことのない方は、ぜひ一度お使いいただきたい。全長18フィートくらいのシステムでも非常に楽に扱えるので、はじめはそれくらいからスタートしても力になると思う。

ノッテッドリーダーもデザインを自由にできるので有利に思えるが、ノット部分がつきやすく、水離れが悪くなってしまう。ノット部分がトラブルの原因となり、パワー伝達のロスがロングティペットには致命傷となる。さらに、毎回の釣りでノット部分をリーダー表面に細かい傷がつきやすく、水離れが悪くなってしまう。ノット部分がトラブルの原因となり、モチベーションの低下にもつながりかねお勧めはできない。

長めの設定のテーパーリーダーでも、

LDLリーダー

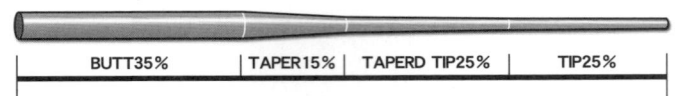

全長15フィート

| BUTT35% | TAPER15% | TAPERD TIP25% | TIP25% |

アクロン・ロングドリフト（LDL）リーダー。渓流のロングティペットの釣りに特化して開発した専用リーダー

リーダー・ティペット・フライの使用バランス

リーダー	ティペット	フライ
4X	5〜7X	♯10〜20
5X	6〜8X	♯12〜24
6X	7〜9X	♯14〜26
7X	8〜12X	♯16〜32

以上の頻度で交換する必要もあると思う。

ライン〜リーダー、ティペットは、ロッドと並んで釣りの成否をじかに左右する部分である。いつでも面倒くさがらず交換できるように、多めに予備を持つことも重要である。

リーダーとティペット、さらにフライの接合バランスは上の表を参考にしていただきたい。このバランスをかなり広めにとってあるのは、実釣をかなり加味してものだ。フライ変更で、ベストゾーンから外れていく場合の限度だと考えてほしい。最初から結ぶフライが確定している場合は、ベストマッチからチョイスするのは当然である。

僕が渓流で釣る場合、ほとんどリーダーは5Xを結ぶ。その先に6Xを結び、♯10〜14のフライで釣ることが多い。ティペットを7Xで♯24まで結んでしまうため、リーダーは5Xで対応できる。それでプールのミッジングから、その上流の瀬の釣り上がりまで最小の結び替えですむことになる。状況に応じたベストマッチ・システムももちろん大事だが、その日の釣りのトータルコーディネートのマッチこそが、釣りそのものではないだろうか。

気の急く場面でも確実なノットを行なうことが尺ヤマメにつながる

3 ノット

3カ所をどう結ぶか

ラインとリーダーの項からノットの数まではかなり問題にしているので、結び方も重要であることは察することができると思う。

ノットに要求されることを並べてみると次の3項目になる。

1. 結び目の強度が充分であること。
2. 結び目が小さく、段差が少ないこと。
3. すばやく結ぶことができること。

これらが問題なければ、どのようなノットでも大丈夫である。ここでは僕がいつも行なっている結び方を紹介するが、人によって違っても何も問題はない。自分なりに工夫して、効率のよいノットを身につけるのがよいと思う。

まずはラインとリーダーの接続である。僕の場合、クリッパーのニードルでスプライスする。ニードルが短いので、スプライスの長さは2〜3㎜。ポイントは、リーダーを準備する前にニードルを刺しておくこと。こうすることでニードルを準備する間、ライン側はニードルで穴を広げられているため通しやすくなる。リーダーが準備できたら通し、ラインの後端をクリッパーで斜めにカットし、ラインに差し込む。このときカットしたリーダーの向きが重要になる(P64図)。リーダーがラインにぎりぎり通ったら、ラインに絡めた1回結びでぎりぎりにカットする。そこに瞬間接着剤をつけて完成である。この方法は段差が少なく、簡単にできるうえ、ライン先端の消耗度も最小限である。

次にリーダーとティペットの接続。ここはダブル・エイトノット+リーダー側にハーフヒッチで処理している。ダブル・エイトノットは、通常の8の字結びをもうひとひねりした状態である。それだけでは両端に切れ端が出て、長いティペットの場合そこに引っ掛かりやすくなってしまう。それを防ぐために、リーダー側にハーフヒッチを行ない、結び端を下向きにしてしまうのだ(P64図)。これは結び目の緩みや摩擦も防止し、ノットからのブレイクも防いでくれる。一石二鳥である。

最後にフライの接続であるが、これはそ

ラインとリーダーの接続

① ラインの先端

クリッパー付属のニードル等で図のように穴を開ける

2〜3mm

② リーダーのバット部を斜めにカット

③ リーダーはとがっているほう、ラインは穴が開いているほうをそれぞれ上向きにして、リーダーを差し込む

④ 1回結び

ぎりぎりでカットして瞬間接着剤を垂らす

リーダーとティペットの接続
ダブルエイト・ノット

① ティペット　リーダー

このようにつまんで2回ひねる

② この輪に先端を通す

指

③ ティペット　リーダー

ハーフヒッチ

④ カット　カット　ティペット　リーダー

リーダー側からの引っ掛かりはなくなる

れぞれが早くできて信頼感のあるノットしかないと思う。僕はユニノット（P65図）だが、クリンチノットでもよいと思う。ノットは締める前につばで濡らしてしっかり締め込むことが最重要で、10分に最低1回は引っ張ってチェックすることも忘れてはならない。最も切れやすいのがフックの結び目であるから、そこを強固にしておけばアワセ切れも減らすことができる。お昼休みや移動後など、少し時間をおいてから釣りだすときには、できるなら結び直したほうがよいと思う。このように細やかな部分の積み重ねこそが、最後に笑うか泣くかの分かれ目になっている。

僕はせっかちなため滅多にしないが、フライによってはループノット（P65図）も効果的で強度もある。結び目が固定されることがないため、安定した姿勢でドリフトすることができる。しかも半沈みタイプのイマージャーなどはウイング（インジケー

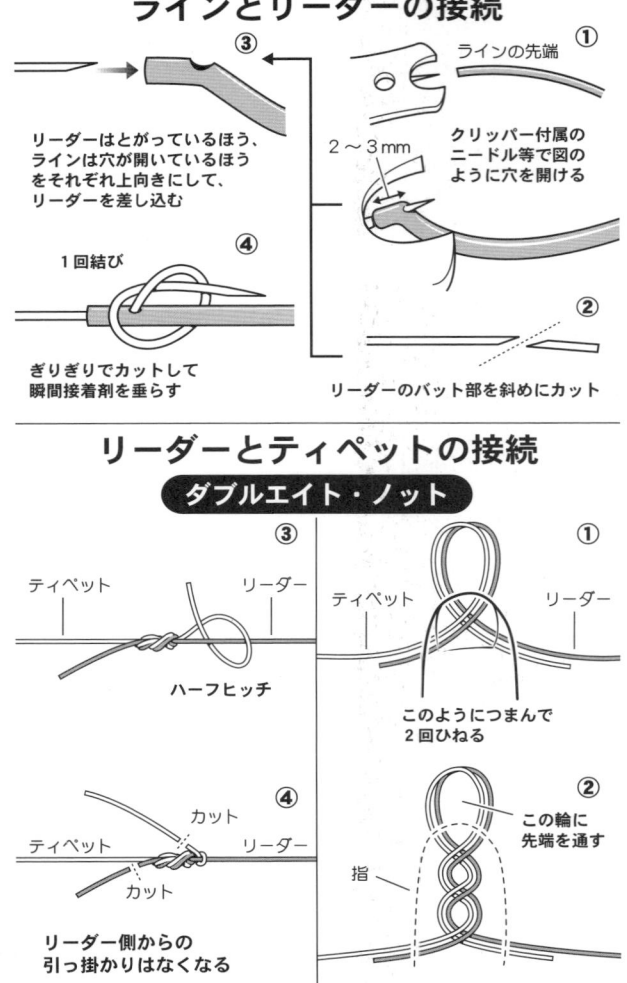

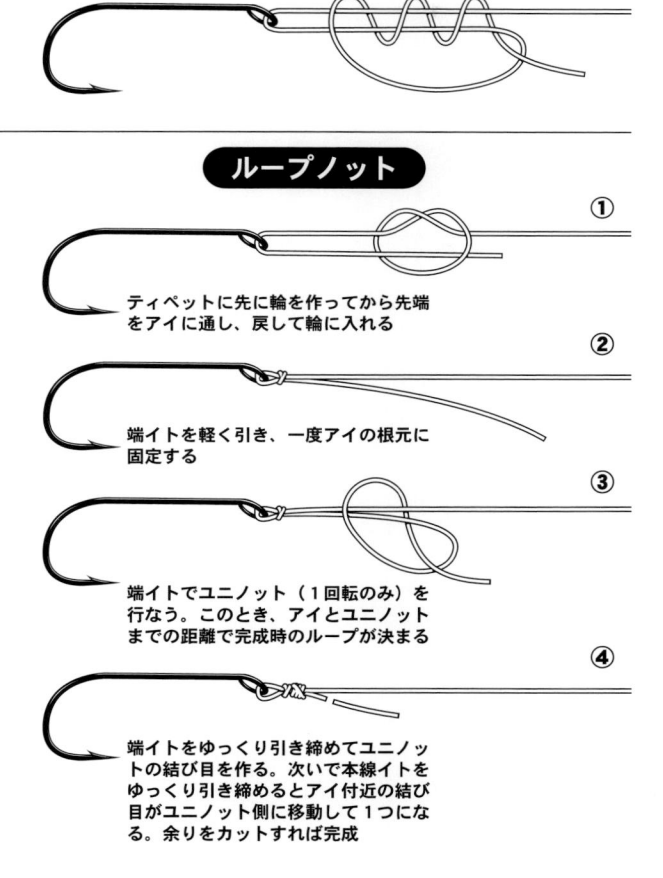

フライとティペットの接続

3回のユニノット

ループノット

① ティペットに先に輪を作ってから先端をアイに通し、戻して輪に入れる

② 端イトを軽く引き、一度アイの根元に固定する

③ 端イトでユニノット（1回転のみ）を行なう。このとき、アイとユニノットまでの距離で完成時のループが決まる

④ 端イトをゆっくり引き締めてユニノットの結び目を作る。次いで本線イトをゆっくり引き締めるとアイ付近の結び目がユニノット側に移動して1つになる。余りをカットすれば完成

ター）部分とのバランスで、動きまで表現できる場合もある。そのようなライズのときの一発勝負のために、覚えておいて損はないと思う。少し太めのティペットで小さいフライを使う際も、ティペットの硬さを軽減してくれる。アイサイズに対して可動する太さのティペットまでではあるが、本来ティペットが引かれてフライの向きが変わる程度のドラッグは防ぐことができる。

よいことずくめのループノットではあるのだがほんの少しだけ結ぶのに時間がかかる。1投で毎回フライを替えるような釣りも多いため、どうしても慣れているユニノットにしてしまう。大概、ライズの時間は短いものである。そこで5種のフライを投じるか、3種をループノットでやるかは難しい判断である。

バンブーロッドとの出会い

バンブーロッドとの出会いがなかったら、僕はここまでこの釣りにのめり込むことはなかったと思う。

最初フライフィッシングに夢中になった高校生のときは、ウエット〜ダブルハンド〜サクラマスという流れの中で完全にフライ本来の楽しさを見失ってしまっていた。成瀬川源流部のイワナ釣りだけは楽しく通っていたが、それすらも年に5回程度の釣行に減ってしまっていた。

友だちとの付き合いもあってスポーツカーを走らせ連夜のパチンコ〜お酒などなど、釣りからは遠のく一方であった。車は2台廃車にしてバカらしさに気がつき、ギャンブルとお酒に情熱を傾けた。お酒は趣味が高じて22歳の少し前からカクテルバーを始め、バーテンダー競技会にも4年ほど出場した経緯もある。ギャンブルといえば競馬が面白くがなり

のお金をつぎ込んだこともあった。そのような生活の中で、結婚して子供も生まれ、僕は人生そのものを考えなければいけない時期に差しかかっていた。

フライは続けていたが道具は昔のまま。それでも友だちと釣りに行って釣果で劣ることはなかったので悩みもなかったが、転換期が訪れた。

1999年、地元にキャストアップという管理釣り場ができた。プレオープンで友だちに誘われて行ったのだが、この地域にこんなにフライフィッシャーがいたのか。と思えるくらいの人脈が見え、また フライ熱に火が点いたのである。ようやく雑誌にも目を通すと、時代は変わり、渓流は岩井渓一郎氏、里見栄正氏などのロングティペット&パラシュートフライの全盛期。最初はテンカラの延長だろ、なんてバカにしていたが、ビデオを見てビックリ！ これはやられたと正直思った。

同じことをやっては面白くないと思いつつ、まずはその頃使っていた硬いティップアクションの長めの#4ロッドに、こっそりティペットを足して試しに釣ってみることにした。結果は、驚くほどイワナが反応してきて釣れたのである。今思うと、上流からの強風の日で、いくら頑張ってもターンオーバーできないのも手伝っ

てフライはドリフトの結果だったと思う。

そのときに持った以前のグラファイトロッド以外で釣りはしなくてもいいと思った反面、「この道具を徹底的に使いこなしたい」と思った。そこから自分でロッドを作り出すまでには、さほど時間はかからなかった。

低番手（#3〜4）のバンブーロッドこそ、日本の渓流でのベストマッチと思えるくらい釣り味がよい。ロングティペットとの相性はアクションにもよるが、キャスト感、魚とのやりとり、そして使いこなしている満足感、どれをとっても僕にとってのフライフィッシングそのものになってしまっている。僕がこの釣りを続けている限りバンブーを振らせてもらったのは、トップに集まる方たちのさまざまなバンブーを振らせてもらったのは、今でもよい勉強になったと思っている。

そこから僕のバンブーロッドの釣りが始まった。ロッドは7フィート7インチ#4で、今思うとかなりのオーバーパワー、渓流向きではなかったかもしれない。それでもパワフルなループで釣ることができたし、何よりもトルク感とキャストの心地よさがあった。使っているうちにアクションの不満こそ感じてはきたが、だからといってグラファイトに持ち替える気が

起きないのだ。一度、ガイドを破損し1週間ほど修理に出したのだが、そのときに持った以前のグラファイトロッドの味気のないこと……。もうバンブーロッド以外で釣りはしなくてもいいと思った反面、「この道具を徹底的に使いこなしたい」と思った。

そんなとき、キャストアップで知り合った方からバンブーロッドを安く作ってあげると話があり、初めて自分のバンブーロッドを手にすることになったのである。その方とはよく釣りに行っていたが、自分自身も竹ザオで釣ってみると、スローでワイドだが落ちないトルクのあるループ。不思議な感じがした。その頃からキャストアップに集まる方たちのさまざまなバンブーを振らせてもらったのは、今でもよい勉強になったと思っている。

バンブーロッドで釣りをすることは、グラファイトに慣れた人にすれば、はじめは違和感があるかもしれない。しかし、その美しく機能的な素材のロッドを使いこなしたいという情熱さえあれば、必ず信頼できるロッドになると思う。人でも道具でも、最初からよいと感じたものは、後からボロが出るものである。一生付き合いそうな親友も道具も、理解しあいながら長い年月をかけて自分でつくり上げていくものだと思う。

バンブーロッドとの出会いは僕にとってまさに運命的なものであった

＃ 4章
フライパターン

ロングティペットの釣りをしていると、
ドリフト上の優位性と使えるフライの制限という
2要素から、フライに対する考え方が
定型的になりがちだ。
そこをどう乗り越えていくかが次のステップにつながる。

1 使えるフライ、使えないフライ

「フライ」の持つ力

 フライフィッシングというくらいであるから、フライの重要性は周知のとおりである。しかし、ロングティペット派は意外にフライには無頓着なことが多い。これは、これから説明する空気抵抗の部分に大きく関与していて、そこをクリアしたフライのみで釣らなければいけないからにほかならない。
 ロングティペットは、使いこなせばほとんどの流れをドリフトできるだけに、フライが多少合っていなくても釣れてくれるのも事実である。その威力をさらに増幅するべく、フライも突き詰めないといけないと思っている。
 フライフィッシングはプレゼンテーション8割、フライ2割ともいわれるが、僕はそうは思っていない。プレゼンテーションとは＝腕、一朝一夕で上達できるような世界ではない。そして同じ腕前の釣り人2人が同じポイントを流した場合には、釣果を左右する80％以上をフライが占めると思う。もちろん1人でポイントに向かったときにも、その人が釣れるかどうかは、フライの要素がかなりの部分を占めるのである。ブッシュ下や障害物ぎりぎりへのアプローチは、マグレキャストもあり、また別の話である。
 フライは釣りにとっての「エサそのもの」だと考えるべきだ。疑似餌と思っていては、釣り人側の引け目になってしまう。逆に数百のパターンのエサを持っていると考えたら、すごいことではないか？ これほど有利な釣りはほかにないとさえ思えるほど、エサの種類を取り揃えることができるのだ。シチュエーションに合うパターンを持って使用するのは無理である。釣り上がりのまれに使う場合もあるが、釣り上がりの原因となる。回転するリスクが、釣り上がりでによってティペットのヨレ、トラブルの最大くる。長く細いティペットほどフライの影響に要で、すべてのフライデザインに影響してにいくつかの制約がある。このことは最重まずは回転しないこと。このことは最重

ロングティペットで釣るためには、フライにいくつかの制約がある。

ロングティペットで使えるパターンの構造

は間違いない。
トと両立できれば、より強力であることがあるのである。この要素をロングティペッれば、ドリフトすらカバーしてしまう釣力ショートティペット派にフライに対して固と関連しなければならない（虫の動きてくるのは、まさにフライの威力であることを理解しなければならない（虫の動きラッグの掛かったフライにでさえ追い食いはあるが、全く釣れなかったはずの魚がドこれはあくまでも釣り人の腕の範囲でるのである。
ていて、それを使えれば、効果は確実に出

場合キャスト数(フォルスキャストも含む)が多く、少しの回転があっという間に致命傷になるまでヨレてしまうのだ。

次に重要なのが空気抵抗そのものである。同じ長さのティペットでも、フライによってコントロールできたり、できなかったりする。しかし、これはしっかりと力のあるループでプレゼンテーションできれば、ある程度使えることになる。この部分よりは、その日のマッチフライに近づくことのほうが重要であるといえる。それでも、少しでも投げやすいに越したことはない。空気抵抗を減らすような工夫も怠ってはならない。

話が少しそれるが、見えにくいフライも僕は使わないことにしている。これは魚が出る、出ないには関係ないのだが、釣りを楽しく完結させるには大切なことだと思う。あいまいな状態で、出たような気がしてフッキングさせるより、しっかり確認できる状態でのフッキングのほうが断然気持ちがよい。インジケーターやウイングが出るほうがよいが、見えないことには楽しい釣りにならないと考えている。それぞれの視力にあったフライのデザインが、その人にとっての使えるフライになるのだと思う。

ところで、どのようなフライが回転してしまうのだろうか。まずはスタンダードなハックルフライ(以下左図)である。ハックルがプロペラの役割を果たし、その空気抵抗により数回のフォルスキャストでもグリグリと回転することになる。とにかくフックシャンクに対して直角に近い角度で円形に巻かれたハックルフライは、すべて使えないフライとなる。

逆にロングティペットで使いやすいフライは、パラシュートパターンやダウンウイングのノーハックル・パターン、CDCダン系などである。

上記の要点を押さえていれば、だいたい使えるフライの構造は想像がつくと思う。どのようなフライをイメージするにしても、その範囲であれば大丈夫ということ

回転しやすいフライ、しないフライ

スタンダードフライ(ハックルパターン)

飛行状態はこうなり……

正面から見るとプロペラ状＝回転する

インジケーターが大きなフライ

ここに抵抗を受ける

飛行状態はこのようになりやすい

カーブシャンクのパラシュートフライ

ここに抵抗

ソラックスパターン

回転しない

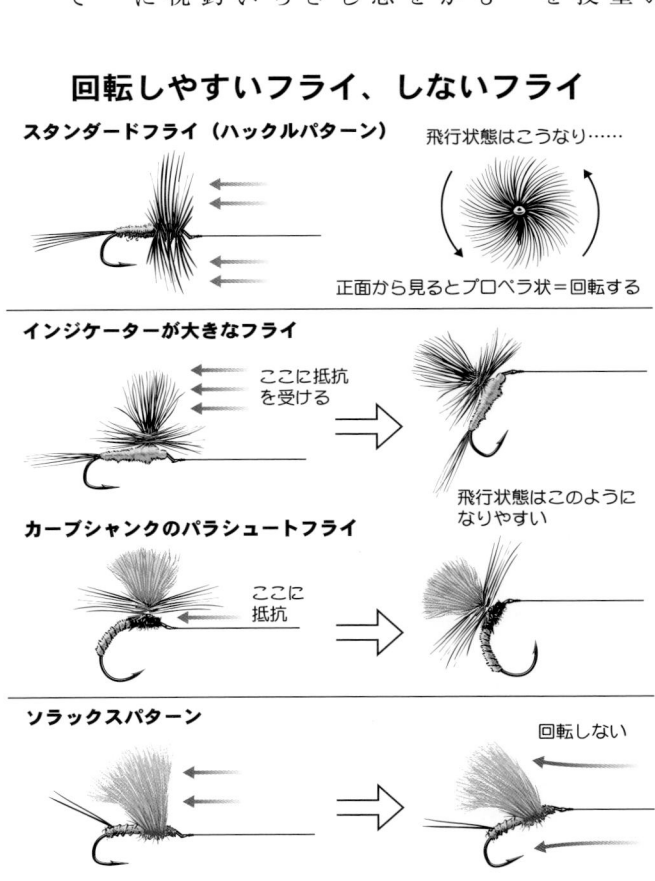

にもなる。

さらに使えるフライの中でも絞っていくと、マテリアルの量も影響してくることに気がつく。いくらパラシュートでも、オーバードレッシングのフライは回転してしまう。カーブシャンクに巻かれたパラシュートも回転しやすいし、インジケーター部分が大きいフライも回転する。これらは空気抵抗になる部分が大きいため、フライが飛行中に角度を変え、ハックルがティペットに対して角度を増すため回転してしまうのである（P.69図）。対処法としては、現場でインジケーター部分を少しずつカットしてあげれば治まる場合が多い。ハックルの量が多すぎる場合も、空気を切ることができずに同じ現象が起きる。ハックルは多くても3回転がぎりぎりの量だと思う。

ハックルフライでも、ソラックスパターンのように下を水平にカットしてあげれば、かなりの確率で回転を防ぐことができる。ファイバーの太さや硬さ、量によってはそれでも回転してしまうが、巻き方を工夫することでほとんど回転することのないフライになる（P.69図）。

最後にクリップル系。これもウイングが逆さ向きに付けられるため、どうしても微妙に回転しやすい。しかしCDCのファイバーのみでウイングを作ることにより、使えるフライへ早変わりするのである。芯も一緒に巻き留めたものとは別物である。

くらいの空気抵抗の違いだが、キャストしてみると分かる。どれも単純な工夫ではあるが、トラブルなく快適に釣るにはかなり重要なことである。

2 各種パターン紹介

ロングティペットで渓流を釣るにあたって、使用頻度の高いフライを解説していく。

ピーコックパラシュート（P.71上写真）
このフライの威力は、かなりのシチュエーションで体感できる。テレストリアル系の時期には抜群の効果がある。ある程度大きめのアントやビートルなどが流下しているときは、ライズの尺ヤマメに対してもそのまま使うことも少なくない。雪代の終わりから禁漁まで、メインのフライとして使える信頼のパターンである。

使い方はしっかりとボディーを沈めること。まずフロータントを付ける前に、ボディー部分を濡らす。それからボディー部分を指で隠して、インジケーター部分を中心にフロータントを施すとよい。

カーブシャンクに巻いてあり、ややもすると空気抵抗が大きくなりがちだが、ピーコックアイの部分を重ねずに細身に巻くことで使いやすいフライになっている。ピーコアイは、いろいろと使ってみたがレッド断然ヤマメの反応がよいようである。

このパターンは、渇水用と増水用の2種を用意している。渇水用はお尻に向かって細くなっているため、空気抵抗も少なく投射性はよい。水面を大きく割ることもないため、水中へのインパクトも若干弱いことに

ピーコックパラシュート（渇水用）

フック	TMC212Y#11〜15
スレッド	8/0　ブラウン系
ボディー	ピーコックアイ・レッド＆ ピーコックハール・ナチュラルかブルー
リブ	エキストラファイン・シルバーワイヤ
パラシュートポスト	エアロドライウィングFLオレンジ
ハックル	ブラック〜ブラウン、スペックルドバジャー などダーク系

（増水用）

CDCカディス

フック	TMC112Y#11〜23
スレッド	8/0ブラウン系
ボディー	スーパーファインダビング各色 （ブラウン〜グリーンなど）
ハックル	スペックルドバジャー〜ジンジャー
ウイング	CDCスポッテッドダン〜タン〜カーキなど

アント

フック	TMC212Y#13〜23
スレッド	8/0ボディーの色に合わせる
ボディー	スーパーファインダビング・ブラック〜ブラウン
インジケーター	CDCスポッテッドダン、 ホワイトのファイバーのみ
ハックル	ブラック〜ブラウンのヘンハックル
ウイング	吸水性ビニールテープ もしくはジーロンのライトブラウン

なる。逆に、増水時は水面を割る部分が大きくなるような形にしている。増水時の魚は水面よりも水面直下への意識が強く、そのほうが断然反応がよい。ただし空気抵抗が増えるぶん、しっかりとしたキャストも必要になる。回転することも珍しくなく、その都度インジケーターをカットするなどの調整は必要である。何回か調整して回転が収まらない場合は、容赦なくダストポケットに入れておく。フライパッチに残しておくと、忘れた頃にまた結んでしまい、トラブルの原因となる。

CDCカディス（P71中写真）

このフライの使用頻度も高い。サイズやボリュームを変えることにより、かなりの種類の「羽物系」をカバーできる。開き気味に付けたCDCが羽ばたいているようなシルエットになるため、フライはしっかりとフロータントを施し完全に浮かせる必要がある。しかし、馴染ませても効果的なことも多く、そのような応用も覚えておくとよい。

このフライのポイントは、ハックルの取り付け方である。普通のエルクヘア・カディスのようなボディーハックルでは回転してしまうし、下をカットしただけでも空気抵抗が大きい。そこで僕の場合はウエットのようにスロートハックルにして、さらに中心下部をカットして使っている。これで回転する可能性はほぼゼロになり、投射性も抜群で、きわどいポイントをねらうにも最高のフライになる。巻くのがたぶんロストしても経済的にも精神的にも楽である。ウイングの色によって出方が変わるが、スポッテッドダンが見やすさと出のよさのバランスが最もよく、信頼して使っている。ダークダン系の場合は、上に見やすい白のCDCを付けるなどの工夫をしたほうが使いやすい。ほかにはシナモン系にマッチさせるタン～カーキのバリエーションも揃えておくと、さらにオールマイティーに使えると思う。

アント（P71下写真）

このフライの攻略こそ、夏の釣りそのものである。アントは雪代時期からの流下があり、シーズンを通してさまざまなサイズ、色、形態が見られるから面白く、奥が深い。ヤマメたちも大好物のようで、水生昆虫のスーパーハッチ時以外はほとんどのストマックから出てくるのだ。これをライズしているヤマメに一発でプレゼンテーションすれば、高確率で食ってくるのは

いうまでもない。

そこで問題になるのがパターンである。数あるフライの中でもアントのバリエーションは多い。その場面でどのパターンを選んだらよいのか？ 悩ましいものである。流下が見えている場合は、もちろんそれに合わせることになる。釣り上がりならパラシュートアントやピーコックパラシュート（ピーパラ）でも対応できるが、フラットな水面で静かなライズを繰り返しているときは別だ。ライズを繰り返す＝かなりの流下数というに、この場合のアントは高い確率でフライングアントである。しかも水面直下に張りついている個体が多い。フライもそのような姿勢で流れるものが望ましい。要するにぶら下がりスタイルのフライングアントを用意しておかなければならないのだ。フライングアントもサイズはまちまちだし、ブラック～レッドに近いブラウンまでいる。ようにサイズが幅広い場合、カディスでもそうだが、すべてのサイズを巻くのではなく、#11、#15、#19というふうにワンサイズ置きで用意しておくとよい。

このフライでのフローターントも、もちろんインジケーターとなっているCDC部分のみである。それ以外は濡らして馴染むよ

ビートル

フック	TMC212Y#19〜21、 TMC112Y#21〜23
スレッド	12/0 ブラック
ボディー	ピーコックハール
ウイング	CDCスポッテッドダン、 ホワイトのファイバーのみ

ウイングとピーコックがくっついたパターン

クリップル

フック	TMC112Y#11〜21
スレッド	ボディーの色に合わせて ダークブラウン、クリームなど
シャック	ジーロン各色、絡み止めに フェザントテイル（大きめのサイズのみ）
ボディー	シールズファー各色、各種ダビング材
レッグ	グラウスショルダー、 パートリッジなどのソフトハックル
ウイング	CDCスポッテッドダン、タン、 ホワイトなど

スパイダーパラシュート

フック	TMC212Y#13、15
スレッド	8/0ブラウン
ボディー	スーパーファインダビング・ グレー〜ブラウン
ハックル	長いファイバーの ジンジャーコックハックル
パラシュートポスト	エアロドライウィングFLオレンジ

うにしないと効果は薄い。

なお、このフライのブラックタイプは最近注目されているミズバチにも対応できる。

ビートル（P73上写真）

大きめのビートル類はピーパラで対応しているが、問題は極小サイズのビートル。これもライズしているヤマメのストマックから、かなりの確率で出てくる重要種である。

このパターンはぶら下がりのアントパターンと併用して使うことになり、難しいヤマメに対しての勝負フライ。ほとんどの場合、僕はアントから流してみるが、それが無視されたり、ミスしたときの次に選ぶことが多いのがこのフライである。「見するとゴミのようだが、このフライと判断してくれる場合が多いので不思議なものだ。

タイイングの際、ピーコックの位置をずらしてバリエーションを揃えるとよい。フックサイズはウイングとピーコックを離す場合は#19〜21、くっついたパターンは#21〜23にする。フックは、離す＝TMC212Y、くっつける＝同112Yにしているが大差はないと思う。

アントの場合も一緒だが、ドラッグが掛かりやすいパターンなので、使用の際はティ

クリップル（P73中写真）

このスタイルのフライもカゲロウの時期には絶対に外せない。ダーク系に巻けばマダラカゲロウ類のフローティングニンフ〜羽化失敗個体全般をカバーできるし、クリーム系に巻けばヒラタカゲロウ類のイマージャーのイミテーションになる。その時期にはダンパターンよりもメインで使うことも多く、信頼感もあるフライである。

しかし、前の項でも少し説明したが、どうしても逆向きに取り付けたウイングが空気抵抗となり回転しやすい。そのための工夫が必要になる。基本はウイングの材料を、CDCのストーク部分を外したファイバーのみで巻くことである。ボディー部分は完全に沈み込み、多少ボリュームもあるのでCDCはかなりの量が必要とする。#11にいたっては、僕はCDC5枚分のファイバーを使っている。この場合のCDCのカラーも、スポッテッドダンが出のよさと見えやすさのバランスがよい。

スパイダーパラシュート（P73下写真）

これは画期的なフライである。シルエットが大きいにもかかわらず、渇水時にも反応がよく、見やすく、空気抵抗が少ないうえにドラッグも掛かりにくい。夏以降のフライの中では抜群の安定感がある。クモだけにとどまらず、スピナー類、赤トンボの流下の際にも対応するのだから心強い。

問題点は、自分も含めて誰かがそのフライで先に釣っていると、急激に警戒心を抱かせることである。水中でのフラッシングのような反応と考えると分かりやすいかもしれない。僕の場合、同じビーズヘッドリュームもあるのでCDCはかなりの量を必要とする。#11にいたっては、僕はCDで釣るときは10日以上間隔をとって使用するようにしている。少しでも反応が悪く感じたときには、誰かが使ったと推測してフライチェンジしたほうがよいだろう。逆に反応

このパターンは、ノットをループノットにするとさらに効果的なこともあり付け加えておく。少し大きめのウイングに受けた風や流れなどの抵抗が、ボディーの微妙な動きを演出するようである。特にフラットに近い流れでのサイド〜ダウンのアプローチで、ループノットを使用すると効果を実感できるように思う。

ペットのサイズダウンが重要である。太くて7Xくらいで、それ以下のほうが断然ドリフトは安定する。それでも尺オーバーをねらうなら、8Xまでにとどめて挑みたい。

74

パラシュートダン
フック　　TMC112Y各サイズ
スレッド　各色
テイル　　バーサテール各色
ボディー　スーパーファインダビング各色
ハックル　コックサドル、もしくはコックネック各色
パラシュートポスト　エアロドライウィングFLオレンジ

ソラックスダン
フック　　TMC112Y#11～17
スレッド　8/0ブラウン系、クリーム系
テイル　　バーサテール・グレー、イエロー
ボディー　下巻にスーパーファインダビング各色
　　　　　をグースバイオットの色に合わせる
グースバイオット＝イエロー、ライトオリーブ、
　　　　　ラスティーブラウン
ハックル　コックネック、またはコックサドル・
　　　　　ミディアムダン、クリーム、ブラウン
ウイング　CDCスポッテッドダン、タン、ホワイト

パラシュートスピナー
フック　　TMC212Y#11～17
スレッド　8/0ダークブラウン
テイル　　ブラックヘン
ボディー　スーパーファインダビング・
　　　　　ラスティーブラウン
リブ　　　ストリップドピーコック
ハックル　長めのファイバーのミディアムダン
　　　　　～ダークダン・コックネック
パラシュートポスト　エアロドライウィングFLオレンジ

がよいときは面白いように効果が表われるので、続けるべきかすぐに判断できる。
フライを巻く際に重要なのは、フックのサイズである。これは♯13と15に限定してよい。ベストは♯15、ねらうヤマメの大きさで♯13を使うくらいである。♯15だと投射性とのバランスが非常によいが、♯13だとバランス次第では回転するので注意を要する。ハックルは長いコックハックルが最もよいが、これが、なかなか数が少なく難しい。張りのあるファイバーを持つインディアンコックのジンジャーが僕の中では最良である。
面白いのが、このフライへのヤマメの反応である。大きなシルエットにもかかわらず、ゆっくり「タテパク」で食ってくるのが普通なのだ。思うに、ドラッグがまず掛からない（水面を捉えるのでドラッグが掛かりにくい）ことと、シルエットが虫の死骸に見えるのであわてて食べる必要がないのだと思う。ゆっくりバックリ食うので、アワセもゆっくりでよく、フッキングも非常によい。使用する人が増えるのは問題（?）なので、微妙な気持ちである。

パラシュートダン（P75上写真）
このフライもオーソドックスだが、細身のボディーでパラッと巻いたハックルはかなりのイミテーション効果を発揮する。クリーム系、グレー系、ブラウン系、レッドブラウン系、オリーブ系などを各サイズ用意すれば、カゲロウ類のハッチに広く対応できる。しかし、カラーバリエーションとサイズの幅が必要な数を膨大に増やす結果、いざというときに肝心のフライが足りなくなってしまう。これは日頃から気にして巻き揃えておくしかなさそうだ。

ソラックスダン（P75中写真）
パラダンがダン〜イマージャー〜スピナーまでカバーするのに対して、ソラックスパターンはダンのみを模したフライである。その代わりダンを食べている場合のマッチ感は断然のものがあり、やはり欠かせないフライでもある。少し工夫することで投射性も優れ、最初に結ぶことも少なくないパターンでもある。
巻く場合、ハックルは順巻きにしてカットが基本。さらにCDCはフラットに取り付け、1回だけ後にスレッドを通して軽く立てるだけでよい。これは確実にダンパターンとするため、ボディーは太めに巻いている。

クイルボディーパラシュート（P77上写真）
パラシュートスピナー（P75下写真）
東北では雪代の終盤にオオクマダラカゲロウのスピナーが大量に流下することもあり、初夏の必携フライである。このスピナー流下はかなり上流から揉まれながら流下するため、水面下に張り付いたような感じで流下する個体が多い。この半沈みタイプのフライへのインパクトも強いのか、そのような個体のみを偏食することも珍しくない。そこで効果を発揮するのが、この半沈みタイプのパラシュートスピナーである。もちろんサイズを揃えておけば、オオマダラカゲロウ、アカマダラカゲロウのスピナーにも対応できる。半沈みでない場合のパターンは、クイルボディー・パラシュートをクイルスピナーとして考えている。細身の締まったボディーにパラリと巻いたダンのコックハックルはまさにスピナーそのもの。このフライもシーズンを通して効果的かつ、使いやすいサイズを揃えておきたいものだ。

アブ（P77下写真）
これはブラックスペントで対応している。アブもシーズンを通してストマックから出てくるため、ピーパラで見切られた際の次

クイルボディーパラシュート
フック　　TMC112Y#11〜21
スレッド　8/0ダークブラウン
テイル　　バーサテール・グレー
ボディー　ストリップドピーコックを巻いてから
　　　　　瞬間接着剤でコーティング
ハックル　ダークダン・コックネック

アブ
フック　　　　TMC112Y#11〜13
スレッド　　　8/0ブラック
ボディー　　　スーパーファインダビング・ブラック
リブ　　　　　ストリップドピーコック
ウイング　　　ジーロンのグレー〜
　　　　　　　ブラウンをスペントに取り付け先を
　　　　　　　接着剤でまとめる
インジケーター　CDCスポッテッドダン

渓流域での使用頻度が高いフライを中心に解説したが、もちろんハッチマッチになればあらゆるフライが必要になるので、これで充分などとは考えるべきではない。まずはこの程度は用意する必要があると思う。

渓流域と本流とは、はっきりと区別できるものではない。瀬続きの本流もあれば、フラットなプールが続く渓流もある。そのため、フライはあるに越したことはない。この、いくらでもエサを用意するというフライの特性を、最大限に生かして釣りに挑みたいものである。

ほかにユスリカ、クロカワゲラ、ガガンボ、カディスピューパなどがあると心強いと思う。ただ、これらのフライも1パターンでは納まらないため、膨大な種類が必要になる。現実的には、それぞれ必要に応じて少しずつ用意するしかないと思う。前記したパターンも欲をいえば、同じ虫を模した異なるシルエットのフライも必要になってくる。川で足りないフライを感じたら、帰って

の手段として使う場合が多い。ウイングのジーロンは、濡らして馴染ませて使用する。これもまたほかの人の使用が少ないか、反応のよいフライパターンである。

すぐに巻いておくのが最も効果的である。ほとんどの場合、次に釣りに行ってもそのフライに出番はないので無意味に感じるが、必ず来シーズン以降のどこかの場面で助けになる。思い出して次の年に巻くよりも、必要を感じた瞬間のイメージで巻いたフライのほうが生命感の宿ったフライに出来上がるものである。

フックについての考察

フックについても触れておく。これは対象魚がヤマメという特殊な相手なのでかなり重要である。とにかくバレやすいし、すっぽ抜けるし、フックについては神経質にならざるをえない。

まずはフックポイントの寿命である。僕の感覚では、1日使えばもう切れ味は半減していると思う。従って1日使ったらそのフライはお払い箱というのが理想ではあるが、コスト・労力の両面からもそうはできない。そこでこまめに爪に立てるなどチェックしてシャープナーで研ぐこと

になる。爪に軽く立てて、引っ掛かるくらいでないと釣りに行っても断がつかない。僕の場合、フックポイントは大丈夫でも2回連続でバレた場合は容赦なくダストポケット行きと決めている。もったいない気もするが、これもやはりフライパッチに残しておき、忘れた頃に使って失敗した経験からのものである。意味が分からなくても、現実を受け入れて確率のよい方法を選びたいものである。

尺ヤマメが確認できているときなどの決定的な勝負では、必ず新しいフライを結ぶことをクセにするとよい。結び目も確認できるし、フックポイントは新鮮だし、一石二鳥である。ただし空気抵抗やバランスなどに信頼を置けないフライに関しては、尺ヤマメ相手にいきなり使用するのはギャンブル的な要素も含まれる。

どうしてもバレてしまうハリが何十かに1本はあることも覚えておいたほうがよい。これはフックの欠陥なのか、巻いた際のバランスによるものなのかは、見て判

断がつかない。僕の場合、フックポイントは大丈夫でも2回連続でバレた場合は容赦なくダストポケット行きと決めている。もったいない気もするが、これもやはりフ…

ヤマメ用のフックは、やはりそれ用にデザインされたものが信頼できる。僕の場合はTMCの112Yと212Yを使っている。どちらも軽量でフックポイントが鋭く、ホールド力も高い。時間とお金と労力を使って作るフライなのだから、いいかげんにフックを選んではもったいないと思う。この2種類のフックは、僕が自信を持ってお勧めできるヤマメフック

ユスリカ

クロカワゲラ

ガガンボ

カディスピューパ

であるといえる。TMC212Yは僕がデザインさせていただいたフックでもある。バーブレスフックの安全性と貫通力も魅力ではある。しかし、ヤマメと真剣に向き合うほどバーブの必要性を感じる。

僕も過去に1シーズン、バーブレスフックをメインで釣った経験がある。結果的には、大げさにいうと半数以上がキャッチできなかったのだ（下手だった部分もあると思うが）当然尺ヤマメも数尾取り逃して悔しい思いをした。ヤマメ釣りはこんなものだと納得できる方は問題ないが、僕は全くそのようには思えない性格であり、あの激しいローリングと足元への疾走は、フック性能の助けを借りなければどうすることもできない場面を数多く体験する結果となった。したがって必要最低限のマイクロバーブでよいので、絶対にバーブはあったほうが後悔を減らすことができる。一生に1回出会えるかどうかの大ヤマメを釣りたくてこの釣りをしているので、もしそれをバラしたときに、考えられることをすべて実行して天命を受けるくらいの気持ちで挑みたいものである。

3 パイロットフライ ～ストマックデータ、状況 ～ベストマッチ

状況を把握するためのパイロットフライ

渓流の釣り上がりの場合、それぞれがパイロットフライと呼べる信頼のパターンを持つことが重要である。パイロットフライとは、その日の川やヤマメの状況を早く知るためのパターンのことで、当然季節や雰囲気などで変える必要があるため数種はあったほうがよい。たとえば春なら#13のパラダン、夏ならピーコックパラシュート、秋ならスパイダーパラシュート……のような感じで考えるとよい。要は大まかにその時期に最も食っていると思われる虫に近い信頼のパターンを最初に結ぶことである。

パイロットフライは、釣り人がしっかりと使いこなしていることが最低条件となる。タイミングも安定した完成度があり、トラブルも少なく、釣れる自信があるフライでなければならない。そして釣り始めたらそ

れに対する反応で、さらによいパターンを模索していくのである。もちろん最初のパイロットフライがもっともよい場合もある。

次に、どのような反応がその日のベストマッチといえるのかを解説する。

まずは魚がいるであろう場所から、すべてフライに出てくる状態。これは間違いなく魚の状態もよく、フライも大きく外れていないことを示している。さらに出てきた魚の大半がフッキングに至っている、ほぼそのまま同じフライを続けて使ってよいということになる。しかし、そのようなことはシーズンを通して数回あればよいものだ。ほとんどの場合は何かが欠けているものだが、出方が悪くフッキング率が低い場合。これも川や魚の状態はかなりよいといえる。しかし、

フライが魚の食べたいフライとマッチしていないために、このような状況になっていると考える。フライがベストマッチすれば、最高の状態に変わる可能性も予想させる。

小ものは顔を出してもさっぱり大もの顔を出さない場合はどうか。これは大ものが必ずいる川であることが前提であるが、水面よりも水中にエサの流下が多く、大ものは沈んでいることが予想される。逆に大もののばかりが顔を出すときは、水面に大量のエサが流下していて、小ものを下に追いやってしまうのである。イワナとヤマメでも同じような現象になるため、力の優劣＝エサの流下の関係を理解しておいたほうがよい。小ものよりヤマメが、ヤマメよりイワナが、当然、大ものがよい場所に入るし、イワナよりヤマメがよい場所を占拠するものなのである。

さっぱり魚の反応がない場合は、まず状態はよくないと思う。ただし、本人のフライに出ない場合でも、ライズがあるなら話はまったく別である。これは単一種への偏食による可能性が高く、その流下があると思われるヤマメがよい場所に、フライを通して状況を把握し、よい釣りができるようばらくの爆釣が期待できる。

このような感じで、パイロットフライを通して状況を把握し、よい釣りができるよう戦略に生かすことが必要である。

最初の1尾は必ずストマックしてみる

フライチェンジの幅を狭める手立てとしては、ストマックデータを取る必要がある。小さくてもストマックできる魚のサイズ（15cm以上）なら、その日の最初の1尾は必ず行なうようにすると、後でフライチェンジの際に必ず生きてくる。もちろんそれだけではなく、周りに気を配ることもさらに重要といえる。どのような虫が目につくかは常に気を配っておかなければいけない。そして時間の推移も関係して、ベストフライは変わっていくことも覚えておきたい。10分前バッチリ合っていると思っていたフライが、目も向けられなくなることすらあるのだ。ストマックポンプの使用法を説明しておく。まずは型の大小に関係なく魚をネット

ストマックポンプの使い方

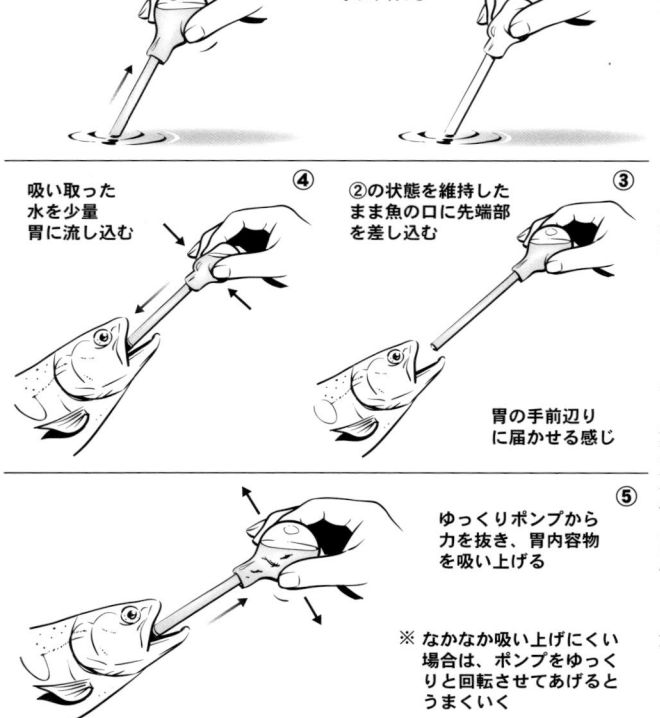

① ポンプをしっかりつまんで先端部を水に入れる

② 8割ほど水を吸い込ませる

③ ②の状態を維持したまま魚の口に先端部を差し込む
　胃の手前辺りに届かせる感じ

④ 吸い取った水を少量胃に流し込む

⑤ ゆっくりポンプから力を抜き、胃内容物を吸い上げる

※ なかなか吸い上げにくい場合は、ポンプをゆっくりと回転させてあげるとうまくいく

に入れること。ヒレなどを傷つけたくないので、リリースネットのほうが魚体にはやさしい。ネットの中で軽く魚を抱えて、水を8分目入れたストマックポンプを差し込む。ポンプの8分目状態をつくるには、目一杯ポンプを押した状態で綺麗な水に先端を入れ、8割戻すとよい（P80図）。このとき暴れやすく、きつく握ってしまいがちだが、ネットの中なら安心して作業ができる。そして軽く差し込んだら、水を少し流し込む感じで最後の捕食物（もっとも手前側）を吸い取る感じで行なう。

出てきた内容が、最も新しい捕食の情報であり、少しずつ吸い取ることで、時間を追ってのデータを得ることができる。細かい虫などはそのときに判別しにくいが、デジカメで撮っておくと後で大きな画像にして確認できるので判別しやすい。一連の動作には慣れが必要で、上手に行なうには数をこなすことが一番である。そのためには、まずヤマメをたくさん釣らないといけないのだが……。

フライへの反応の仕方もかなり参考になる。自分の予測にフライもマッチしている場合、ヤマメはゆっくりと大口を開けてタテに出てくることが多い。タテに出ても深く食い込まないような場合は、警戒しているか、フライが合っていないことを考えるべき

である。真っ直ぐレーンに入ったのに激しく出る場合も同じようなことが想像できる。少し話は逸れるが、「タテにゆっくりパックリ」は大型のオスヤマメに多いパターンである。急流の芯からこのように出た場合は、ほぼ100％オスヤマメである。逆に少し遅めの流れからバシャッと出てくるのはメスヤマメが多いから面白い。出た瞬間にオスかメスかを判断できる場合が多いので、予測するのも楽しみ？の1つである。

フライへの反応だけでなく、ライズフォームからもフライを想像することができる。タテにバッサリと速い流れでライズする場合（滅多にないが）は、大きめの動かない虫が流下している可能性が高い。大型のヤマメは、動きのあ

るカディスやガですらこのフォームのまま捕食するのでしびれてしまう。激しく飛沫の上がるライズは、やはり動きのあるカディスのような虫を捕食している場合がほとんどである。

逆に、静かな水面での、静かで頻繁なライズは、小さな虫が大量流下していると想像がつく。また大型のヤマメは、静かな水面で大きな虫が流れても、静かに食ってしまう。大きな虫が流れたのを目で追い、それが静かに食われたら、ほぼ尺を越えるヤマメだと思ってよい。そんなライズを発見できたときには、正気でいられない緊張に見舞われる。このように、ライズからはフライの選択のみならず、ヤマメのサイズまで読み取れることも多い。慎重に見極めたいものである。

4 フライを使いこなすために（フロータント術）

ドライフライは「しっかり」浮かせる

フライの能力を最大限に生かすために、フロータント術は欠かせない要素である。さまざまなフロータントが市販されているが、僕の場合は基本的にティムコのシマザキドライシェイクスプレーとドライマ

ジックの2種類のみを使っている。ドライシェイクスプレーだが、これはドライフライの歴史を変えたほどの大発明だと僕は思っている。これほど簡単に部分付けができて、完全に浮かせられるフロータントはなかったように思う。簡単に浮き方にメリハリがつけられることがすごい。フロータントをどれか1つだけ選ぶとしたら、間違いなくこれを選ぶことになる。

欠点は、無駄に散布する量が多く、すぐになくなってしまうこと。値段が高い。缶が大きめで携帯に不便。これらが挙げられるが、僕にとってはこの釣りが成立するかどうかにかかわるくらい重要なモノなので、全く気にならない。

使い方は、いたって簡単。フックポイントを指で隠し、軽くスプレーする。粉を全体にまぶして乾けば完了である。ここでの注意点は、強く息を吹きかけて粉を全部飛ばしてしまわないことである。スプレーしただけでは付かなかった部分に指先で刷り込んであげることが重要で、浮力も長持ちさせることができる。

半沈みのフライは、まず沈めたい部分を唾などで濡らして指で隠す。そしてほ

かの露出している部分にスプレーして、指先でまぶしながら乾かせばよい。少し白くなるという欠点もあるが、慣れればスプレーに替えてみれば効果がさらに実分に向けてのみスプレーすれば上を向く部見えないので大丈夫である。慣れればかなり少ない量のスプレーでしっかり浮かせることもできるし、ほぼすべてのドライフライに使用できる。

ドライマジックは、僕の場合はドライシェイクスプレーの補強に使っている。べたつかないジェル状であるため、薄く塗った上からドライシェイクスプレーをすればより強固なフロータントとなる。粉の糊付けの役割になるわけだ。雨の日や、堰堤下などで効果を発揮している。

もう1つ、完全に高く浮かせたいときのためにドブ漬け用の液体フロータントも持ってはいるが、使用するのはシーズンに数回程度である。

ドライフライは、浮かせたい部分が完全に浮いていないと効果は半減する。意外に思えるが、しっかり浮かせることができていない人が多く見受けられる。自分では浮かせているつもりでも、水面に馴染んでいてフライの意図が魚に伝わっていない。出ないからといってすぐにフライを

替えるのではなく、まずもう一度しっかり確認してフロータントを施すのもかなりの効果がある。そのとき、ドライシェイクスプレーに替えてみれば効果がさらに実感できることだと思う。

ロングティペットで使うフライのほとんどは、薄めのドレッシングで華奢であれを簡単にしっかり浮かせる必要がある。もちろん、沈ませたい部分は確実に沈めることも重要である。

魚が釣れた後の処理についても説明するが、特別な溶剤等は不要である。血やヌルが付いていたら軽く洗い流し、強く息を吹きかけて水気を飛ばす。次にティッシュでしっかりと押し叩くような感じで残った水分を取り除けば、ほぼ使う前と同じくらいまで乾燥できる。あくまでもそこまで乾かしてからフロータントを施すことが重要で、CDCでも同じ方法で元通りになる。水分を除去する方法はあれこれ模索したが、結局はティッシュが一番であった。特に、新品のティッシュの威力はすごい一言である。数回押し付けるだけで、完全乾燥である。常にポケットティッシュを数個ベストに入れておくとよい(いざとなれば別の急用?にも利用できるので心強い)

5章
キャスティング

全長20フィート近いリーダーシステムのティペット部を自在にコントロールすると同時に、フライをねらった位置に正確に入れる。ここでは「舟形ループ」を筆頭に、ロングティペットの釣りを実践するためのキャスティング理論を中心に解説する。

1 舟形のループ

僕のキャスティングは、「20フィート近くになるリーダー&ティペットのティペット部分をいかに思いどおりにコントロールしつつ、フライをねらったポイントに正確に入れられるか」という課題からスタートしている。距離的には8〜12ヤードくらいのキャストが90％以上を占めるので、その距離内においてどの角度からキャストしても、思い描いた形でティペットとフライを置くことができるのが理想である。

それは、たとえポイントにフライが入ったとしても、ティペットが広い範囲に分散して落ちれば意図したとおりのドリフトはできないからだ。だいじなのはティペットとフライの置き場所の関係である。そして、フライはもちろん、ティペットも意図したポイントに運びたい。そのためにはループの上面を一直線にして方向付ける必要がある。さらに長いティペットをコントロールするために

は、ある程度のターン力が必要になる。しかしやっかいなことに、狭いループを作るとティペットの長さが災いしてトラブルなく運ぶためには、推進力のあるワイドループが欲しくなる。

長いティペットを真っ直ぐ、そしてトラブルなくキャストできるループの形が、先端が鋭角な「舟形ループ」（下、P83下写真）である。

ではどのようなメカニズムでそうなるのか。説明すると、直線的に引っぱられたループの上辺が基本になる。それを引っぱりきり、ストップさせると、ロッドティップは反対に倒れ込みループを押し広げる。しかし真っ直ぐに伸びようとする上辺により、ループの先端は、また持ち上げられながら引かれていくのである。この形こそが舟形ループで、先端に伸びていけばV状に狭くとがった、推進力のある形になって

いく（P85図）。そして、後のトリックキャストでも、このループの形は絶対に必要となってくる。

舟形ループは、スローアクションのロッドでないとその形にはならない。ティップアクションの高反発のロッドでは、その推進力を得ようとすれば最初から狭いループにするしかなく、ロングティペットではトラブルが起きやすくなってしまう。多少のブレやバイブレーションでも、トラブルが起きないことも重要なことである。

舟形ループのメカニズム

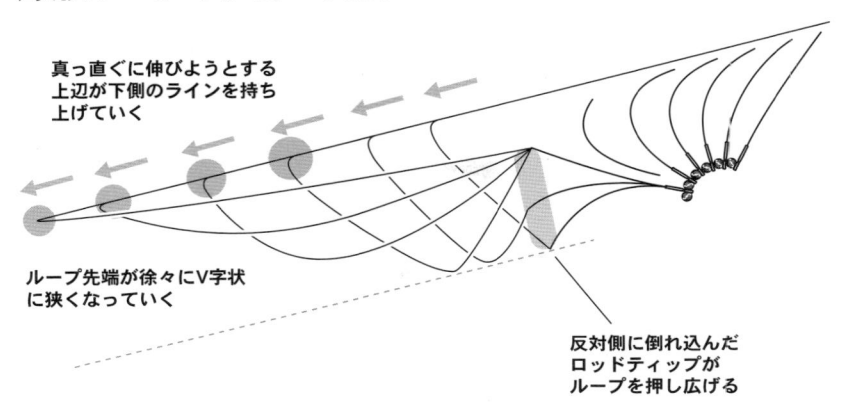

真っ直ぐに伸びようとする上辺が下側のラインを持ち上げていく

ループ先端が徐々にV字状に狭くなっていく

反対側に倒れ込んだロッドティップがループを押し広げる

2 ループコントロール・ラインスピードコントロール

ロングティペットのキャスティング

フライフィッシングにおいてキャスティングが重要であることはいうまでもないが、ヤマメに挑むにあたって、どの分野の要素が必要なのであろうか。

ロングティペットを思いどおりに操るキャスティングでは、ラインの長さ以上の精度を必要とする。5番のグラファイトでフルラインをキャストできたところで、ロングティペットはコントロールできないということも、普通に起こるのである。これはいかにロングディスタンスのキャストに傾いているかも意味する。もちろんパワーゾーンや面でロッドを振るなどの基本動作の精度は必要になるが、そこをある程度クリアしていれば、リスト、握力、腕力の強さで飛ぶ距離が決まってしまう。ところが、3番で長いティペットをコント

ロールできるとなると、全く力ではなく精度のほうがはるかに重要になってくる。一般的なことを説明したが、実際はどうだろうか？　僕の感覚では、やはり力が重要なのである。＃3ロッド＋ラインは確かに軽いが、要所要所で必要な力を入れないと安定したキャストなど不可能なのである。僕もシーズン中は右手の小指の付け根部分にしっかりとしたマメができる。そして、薬指の付け根、人差し指の第1関節と第2関節の間に軽くマメができることからも力の入れ方を察することができると思う。要は小指でしっかり握ってロッド自体が腕の延長になるような感覚が、長いティペットのコントロールを可能にするのである（P.86上図）。

前述したが、舟形のループ、ロングティペットのループコントロールは、ループの幅

グリップとループコントロール

握る力のバランス

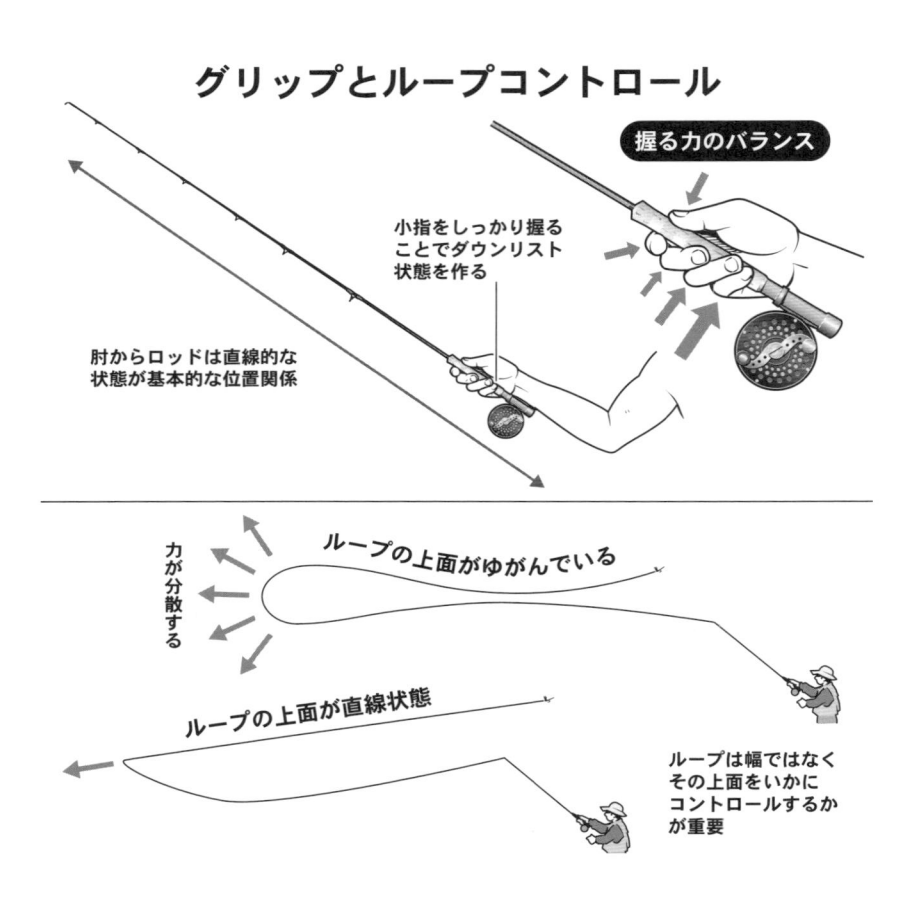

小指をしっかり握ることでダウンリスト状態を作る

肘からロッドは直線的な状態が基本的な位置関係

ループの上面がゆがんでいる
力が分散する

ループの上面が直線状態

ループは幅ではなくその上面をいかにコントロールするかが重要

　だけでなく、ループの上面をコントロールすることが非常に大切になる（P86下図）。どのような幅やスピードのループでも上面が直線になり、ポイントに真っ直ぐ伸びていくのが理想であり最も難しい。長いティペットはそもそも伝達力に欠けるため、力点を集中させないとコントロールが曖昧になる。ねらったところに伝達力の乏しいティペットをコントロールするには、真っ直ぐに運ばれる必要があるのだ。それを実現するためのループ形状が、上面が真っ直ぐになる形である。感覚的にはフライをキャストしてポイントに運ぶのはもちろんだが、ティペットをねらった場所に置くことができないといけないわけである。そのようなループができれば、ループの角が真っ直ぐにポイントに向かって長いティペットとフライを引っぱっていってくれるのである。そのまま落とせば固めた状態でのプレゼンテーションとなり、少しだけ角度を水平に近づければV字プレゼンテーションとなる。これを可能にするのがロッドアクションであり、ロッドの振り方である。スピードについても、常に早い必要は全くないが、いざとなったら多少の風を切り裂くくらいのハイスピード・

上から見た各グリップ

Vグリップ

人差し指を横側に出した形

サムオン・トップ

もしくは上に乗せる

各部の動き

まずはグリップについて考えてみよう。小指部分でしっかり握る（P86上図）のがラインのキャストは実戦において不可欠である。これらのコントロールを身につけたなら、ほぼ8割方のテクニックは自分のものになったと考えてもよいと思う。これらを文章で表現するのは簡単にできることではないが、可能な限り説明していきたいと思う。少しでもそれぞれの上達に貢献できれば幸いである。

絶対条件であるから、リールシートに向かって細くなるデザインが握りやすい。しかし、先細りのデザインでもリールシート部分に小指の位置を下げれば充分対応できる。僕も実際はリールシート部分に小指がきている場合が多く、ロッドも長く使うことが可能となる。持ち方の矯正とすればこのような形が理想だが、意味が分かって実践できている方は好みのグリップ形状で何ら問題はないと思う。持ち方は、サムオン・トップ（以下左図）ではロングティペットのコントロールは難しい。これはリストダウンできる範囲が少ないため、さらなる押し込みが難しくお勧めできない。理想はVグリップだが、握力の弱い方や女性などの場合は、人差し指を出した持ち方が、手首の動きがよくなるため扱いやすいと思う。最終的に自分がキャストしたループの形やよじれも、Vグリップなら自分で矯正できる。右利きでいえば、ループが左によじれたらリストダウンの際に親指側を押し込むとよいし、反対なら人差し指を押し込んでリストダウンすればよいのである。身体の構造上、ほとんどの人は親指側を押し込む感じのリストダウンが重要になることを覚えておくとよい。

キャスティングのスタートの形は、これ以上できないくらいのダウンリストである。ロッドのグリップエンドは腕についている状態だ。バックキャストのポーズはストレートリストでロッドグリップ角度が倒れすぎないように気をつけなければならない。フォワードキャストはスタートした際の完全ダウンリストで水平に近い状態である。これでバックキャストは上空に伸び、フォワードでは水面のねらった場所に向かってループが伸びていくことになる。

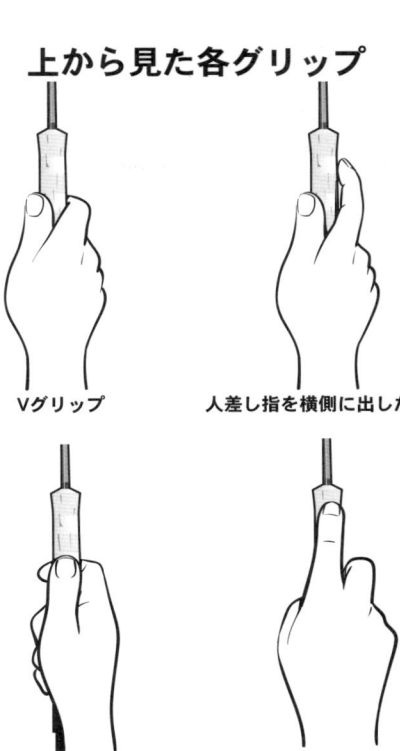

バックキャストのコツは、ダウンリストを維持したまま垂直まで加速し続け、そこからロッドの動きを止めにかかればちょうどよい角度でストレートリストに収まると思う。バックキャストのダウンリストはほとんどは、スタート時のダウンリストが不充分なことと、後ろに飛ばしたいがために早くロッドティップをリストパワーで返してしまうためである。肘を少し持ち上げながらリストダウンを維持して垂直まで加速すれば、その後は多少ロッドのポーズは倒れてもラインは斜め上空に向かって伸びていく。肘の位置も重要だ。絶対に身体から大きく離してはならない。肘を大きく動かすと真っ直ぐ振ることが難しくなる。最初はなるべく最小限の肘の上下でキャストするとよい。肘が開くと、腕は身体を中心に円を描きやすくなってしまう。

長いラインのキャストでは、ロングストロークでのキャストがどうしても必要になる。ロングストロークではどうしても肘も開いていくことになるが、それ以上に手のひらを外側に開きながらひねっていくことで真っ直ぐに振ることができる。その動きに対応するためにも、Vグリップで握る必要が出てくる。

バックキャストの次がもちろんフォワードキャストであるが、一瞬で動作に入らねばならず考えている暇はない。バックキャストと別々に考えているとどうしてもぎこちない動きになるので、一連の動作としてフォワードキャストも練習したほうがよいと思う。前記のとおりにできればバックキャストのポーズはストレートリストになっているはずで、そこからのスタートとしてこちらも加速していくことになる。そのような意識で振らないと、真っ直ぐに振ることができないからロングキャストは難しい。

ロングキャストなどロングストロークでキャストする場合は、親指を内側にひねり込みながら身体から離すように突き出していくことになる。そのような意識で振らないと、真っ直ぐに振ることができない。ストレートリストから加速しながらロッドを前に倒し込み、リストダウンの限界状態で水平近くまでくれば、問題なく水面に向かうループができるはずだ。言葉にすると簡単だが、実際は「加速しながら」という部分が難しい。ロッドとラインの重みがリストを開かせようとするのだ。それこそがテイリングループ（P 89 上図）の原因となる。絶対にそこでリストに負けない「力」はどうしても必要である。フォワードキャストは、小指を絞り込みながら親指と人差し指を出していく。それに応じて少し上げていた肘を、元の位置まで下げればよい。フィニッシュの位置が水平に近い状態であるから、加速するのは親指先が肩の高さまでである。しっかりと加速し続けたときに、ロッ

いずれの場合も、ロッドを真っ直ぐに振り込みながら身体から離すように突き出していくことになる。そのような意識で振らないと、真っ直ぐに振ることができないからロングキャストは難しい。

いずれの場合も、ロッドを真っ直ぐに振るというのが最も重要である。これがきるようで、なかなか難しい。鏡の前で適当な棒を振ってみるとよく分かる。ありがちなのが自分を中心に円を描くように振り回す感じである。特にバックキャストの最後に内側にティップが入ると思う。自分の思う真っ直ぐと、実際の軌道の真っ直ぐになるような訓練が必要である。このように練習してみると、ショートストロークなほど真っ直ぐ

ドのベンディングカーブも考慮してティップの軌道が真っ直ぐになるようにコツで、上手くできるとティペットが短くなったかのような感覚になるはずである。

ロングキャストなどロングストロークでキャストする場合は、親指を内側にひねり込みながら身体から離すように突き出していくことになる。そのような意識で振らないと、真っ直ぐに振ることができないからロングキャストは難しい。

フォワードキャストの最後もティップが内側に振り下ろされるケース。これらを矯正するには、手を開いた状態で壁に沿って真っ直ぐ振ってみるとよい（P 90 図）。どのような感覚で動かしたらよいか理解できると思う。自分の思う真っ直ぐと、実際の軌道の真っ直ぐになるような訓練が必要である。このように練習してみると、ショートストロークなほど真っ直ぐ

テイリングループの原因

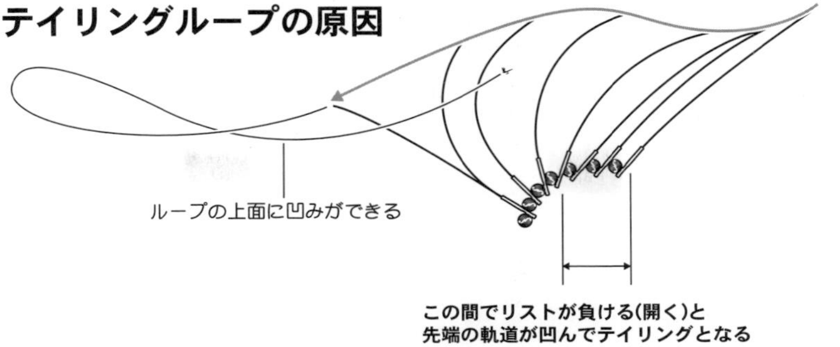

ループの上面に凹みができる

この間でリストが負ける(開く)と先端の軌道が凹んでテイリングとなる

正しいフォワードキャスト

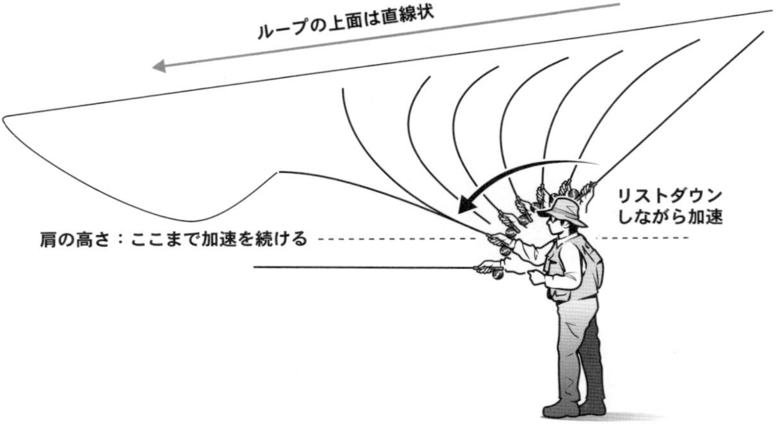

ループの上面は直線状

肩の高さ：ここまで加速を続ける

リストダウンしながら加速

ホールをしない

ハイスピード・ラインの方法についても説明するが、ロングティペットの釣りではホールによって加速するのは不利となる。理由は、まず使用するのがスローで軟らかいアクションのロッドが多いこと。これはホールしなくても容易にロッドがしなってラインを引っぱってくれる構造になっているため、ホールによるさらなるロッド絞り込みの必要がないのである。そこにホールを加えてもロッドが負けてテイリングを起こすため、相当な達人でないとホールは無理がある。要するにロングティペット用のロッドは、ホールすることを前提にデザインしていないのだ。それは不利なことか？　全くそうではない。ホールと完全に決別することによって得られるメリットのほうが断然多い。

渓流で最も多用される距離は8ヤード前後。そのため、飛ばす距離よりもピンスポットへの正確性のほうが重視される。正確にキャストするためには、まず上体を安定させなければいけない。さらに真っ直ぐなループが必要である。この2つを可能にするために、ホールしないキャストが必要なのである。

しかし、ハイスピード・ラインは風があるときや空気抵抗の大きなフライをキャストする際、絶対に必要になる。どのようにすればそのようなキャストができるか

振るのが楽なことにも気がつくと思う。そして最終的にはあらゆる角度でロッドを振っても真っ直ぐになる必要がある。

バックキャストでもそのような意識でスライドさせることにより、スピードアップラインのような明確な到達目標を設定できる。ちょうどリストの動作が終了して、ドリフトに入る前に行なうのが理想のタイミングだ。フルパワーの直後というのタイミングなのか、連動というか、微妙なタイミングなので各自で見極めて会得したいキャスティングテクニックである。

説明するとこのとおり簡単なのだが、実際にはフルパワーで真っ直ぐにロッドを振り、なおかつ正確なスライドタイミングを実行するのはかなり難しい。マスターしている人は何も意識しなくても身についているが、できない人が意識しようとすると難しいのである。意識して時間をかけてやっていけばできないことではないし、できるようになれば有利な部分が断然増える。しっかりと自分のものにしてほしい。また、力が入った場合どうしてもバイブレーションが気になるかと思うが、自分の場合はドリフトで力を抜かず握り締めることでバイブレーションは消している。フルパワーから振動を納めるような力の抜き加減は難しく、さらに握り込んだほうが楽にブレを止めることができる。ロングティペットを使用したこのキャス

を説明するが、これはどのようなロッドでも可能なわけではないし、誰にでもできるわけでもない。それを必要と考え、道具も意識して実戦に挑んでいる釣り人のみ可能となる。

ここでいうハイスピード・ラインは、フォルスキャストではない。必要なのはポイントにフライを運ぶハイスピード・プレゼンテーション。長いティペットを風の中でもある程度思い描いた形で着水させる術としてのハイスピード・ラインが欲しいのだ。

方法は、説明すれば簡単である。前記したキャスティングの基本どおりに、そのままパワーアップさせればスピードは上がる。そこにリストのスライド術を加えることで、さらなるスピードアップが図れる。要はホールのベストタイミング時に拳を突き出す感じである。理屈はホールとまったく一緒で、ロッドが極限まで曲がった状態をさらに曲げるわけであるからラインスピードは増し、向かい風や空気抵抗の大きいフライを使っているときだけでなく、ブッシュ下の最奥にフライを届けたいときなどにかなり有効なテクニックになる。このテクニックの利点は、ホールに比べ、最後までループがねじれにくいことである。

ティングは、ロングディスタンスと違ってフルラインのような明確な到達目標を設定しづらい。そのため自分を甘く判断しがちで、上達は見えにくい。そこで、自分が上手くできているかの基準を、フォワードキャストのみに限定して意識するとよい。また、バックは多少乱れても、面をずらして行なえばトラブルは回避できる。大

ロッドを真っ直ぐに振るための矯正法

壁スレスレに立ち、手を開いた状態で
シャドーキャスティングしてみる

ベルジャンキャストを意識してキャストしたラインをチェックする

フォワードキャストの面

バックに持っていく面

肘から先で角度を変えてキャストの面を維持する

袈裟にいえば、ベルジャンキャストに近いフォームでバックとフォワードの面を変えれば、とりあえず思い切ってロッドを振ることができる。あくまでもロッドを回して振るのとは意味が違う。あくまでも真っ直ぐに振り、面だけを変えるのである（左図）。これでフォワードに意識を集中して、ねらったポイントとフライが一直線になり、面の先端とフライが一直線になり、しめたものと冷静に自分のキャストを見る。ループの先端とフライが一直線になり、しめたものである。これでフォワードに意識を集中して、ねらったポイントに向かうようになればしめたものである。これは芝生の上で練習しなくても、普段の釣りで意識するようにすれば近づいていくと思う。実際に僕も、魚が目の前のところでの練習など、まったくやろうとは思わない。目の前の魚を何とかしてものにしようと釣ってきた結果が、このようなキャストに行き着いた感じである。

バックキャストの方向はポイントと正反対の斜め上空が理想だが、実際のバックキャストの位置は個々それぞれにクセがあり、把握しておきたい。これも実際の釣りで知ることができる。後ろに障害物があった場合、かなり上手な人でもまったく引っ掛からないことはないと思う。そこにヒントがある。引っ掛けた際に、自分が通そうと思ったコースと、ほとんどの場合は違っているのだ。それを意識してバックキャストの調整を行なうことで、思うところを一度確認しただけで通すことができるようになっていく。釣りに必要なことはすべて現場が教えてくれる。机上でいくら考えても限界があり、それを打破するのは場数である。

ただ、できるならキャスティング練習をしたほうがよいことは確実だ。意欲のある方はしっかりとキャスティングの基礎を

身につけるとよい。本来は釣り場に出る前にしっかりとキャスティング練習をするべきなのだ。僕の場合は中学生の頃にフライを始めたが、冬季は道具を用意したので、我慢できず毎日雪の中でロッドを振ったものである。そのことが解禁の1投目で、初めてのフライフィッシングにもかかわらず26㎝のヤマメを釣ってしまうことにつながった。その後、中学3年生のときに小野訓さんのキャスティングレッスンを一度受けた。このときもシーズンオフで、かなり練習した。

キャスティングをしっかりと練習した記憶があるのはその頃までだが、こうした基礎がなければ今のように釣りに集中できていなかったかもしれない。基礎をクリアしてから釣りに集中しても遅くはないと思う。その後に見えてくる無限の可能性のためにも、どこかで意識改革してキャスティング練習することをお勧めする。このとき、ダブルホールでのロングキャストもしっかりとマスターしておくことも重要である。それによって得られるキャスティングのメカニズムに対する理解は、ロングティペットでのキャスティングにも生かされてくると思う。

3 トリックキャスト

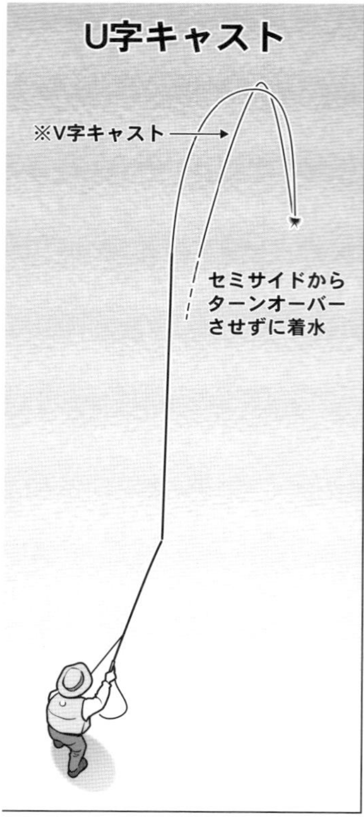

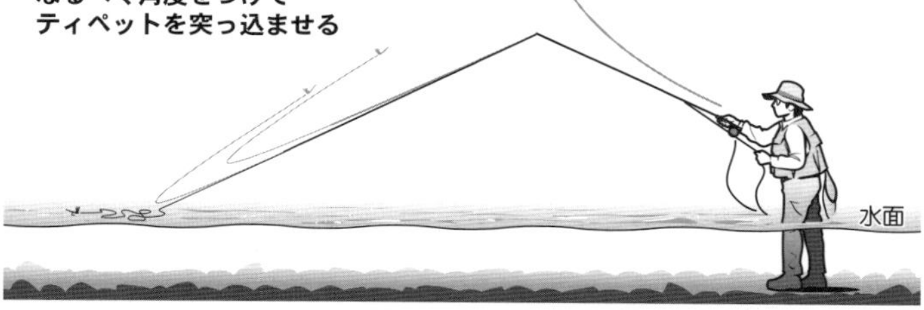

U字キャスト
※V字キャスト
セミサイドからターンオーバーさせずに着水

ティペットを固めて落とす

なるべく角度をつけてティペットを突っ込ませる

水面

ロングティペットでのトリックキャストとは、ラインの形を変えることよりも、ティペットの形を変えたり、弛ませたりすることである場合が多い。俗にいう「U字キャスト」「ティペットを固めて落とす」(上図)などが必要になる。今までのキャストの説明はこれらの実現のためにある。舟形ループさえできていれば、そのスピードコントロールと角度により、簡単に実現できるからだ。

とがったループの先端がポイントに向かい、ティペット部分を突き刺せば固めたキャストとなる。少しセーブして、水面スレスレで失速させれば「V字キャスト」になる。UとVの違いは重要で、後のプレゼンテーションでのティペットの支点の部分で大きく差が出てくることが分かると思う。

タワーキャスト、サイドキャスト、オフショルダー

タワーキャスト（ハイバック・キャスト）

フォワードとバックは相対効果の関係にあるので、後ろを上げるには前を下げなければならない。ラインを伸ばすと前後の方向が変わるため15ヤード前後以上は難しい

ラインが伸びると……

ここに角度ができると難しい

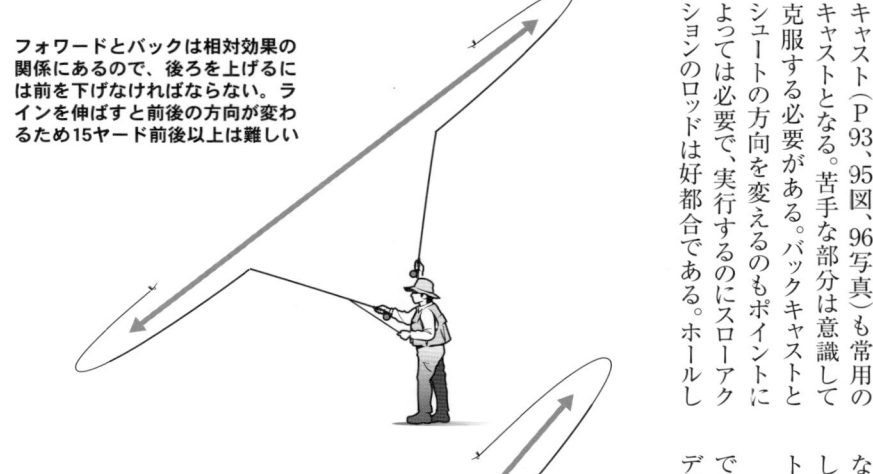

キャスト（P93、95図、96写真）も常用のキャストとなる。苦手な部分は意識して克服する必要がある。バックキャストとシュートの方向を変えるのもポイントによっては必要で、実行するのにスローアクションのロッドは好都合である。ホールしなくても長い距離をしっかりと方向付けしてラインを引っぱれることが、この種のトリックキャストを可能にさせる。リーチキャストも多用されるキャストである。これはプレゼンテーション後、メンディングしたいと思う方向にロッドティップを移動させてメンディングをしやすくする。要するにほとんどの場合は、上流側にティップを移動させればよい（P94図）。これによって、次のメンディングで動かすラインの弛み部分を作ることもできるし、そのタイミングとなる数秒の猶予も生み出せる。

ロールキャストは、このシステムではほとんどキャストとしては機能しないことを覚えておきたい。長いティペットがパワー伝達の妨げとなり、フライまで伝わりにくいのである。

代わりに、バックキャストが取れないポイントなどでは、フライを指でつまんだ状態でキャストする方法が利用できる。フライが支点となり、空中でラインやリーダーが展開するためしっかりとパワーを伝えてくれる。コツはロールキャストの要領である。ラインを数mティップから出し、バックキャストのポーズの位置まで回して振り、ラインすべてを宙に浮かせる。そして叩き下ろすような感じでキャストする（P94図）。この方法で、かなりの精度で10ヤード近くはキャストできるので練習してみることをお勧めする。

これらのトリックキャストは、キャスティ

リーチキャスト

流れ

着水する前に上流側にロッドを動かす

ング自体がしっかりとできていれば容易に習得することが可能だ。まずは思いどおりにラインを操れることが重要であり、それが最も難しいのも事実である。

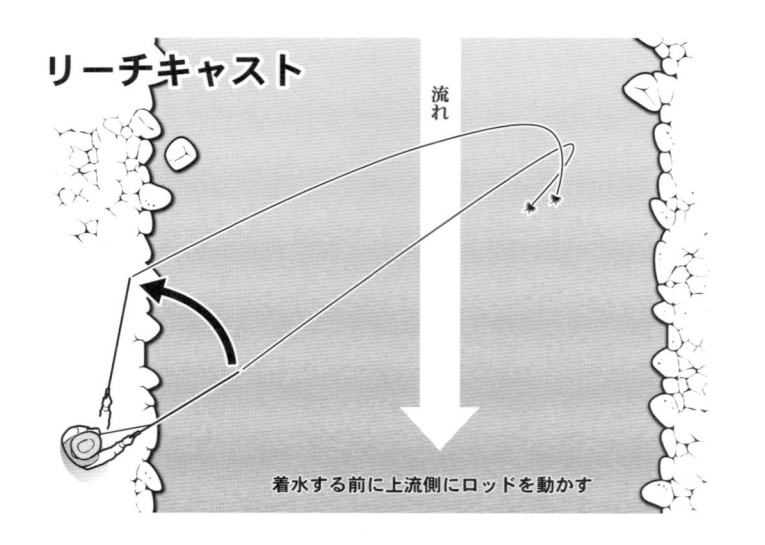

バックが取れないときのキャスト法

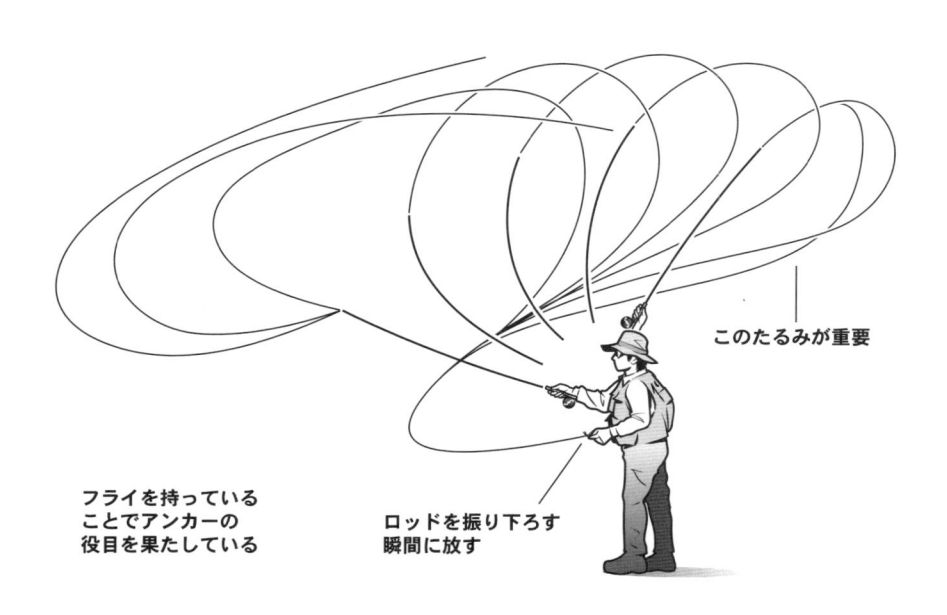

このたるみが重要

フライを持っていることでアンカーの役目を果たしている

ロッドを振り下ろす瞬間に放す

94

4 あらゆる角度でキャストする

このことこそ、ティペットの置く位置を自由に変えられる要素である。ロングティペットの場合、オーバーターンでの形を意識してプレゼンテーションするのは無理である。従って、ループの形＝ティペットの置く形ということになる。

釣りをしているときの基本はオーバーヘッド・キャストではない。アップストリームの場合、必ず流れがある側にロッドティップを傾けている必要がある。右岸、左岸の割合はほぼ一緒なので、スリークオーターのフォアとバックハンド（オフショルダー）が基本的なキャストフォームとなる。さらに障害物の有無や風の方向によってロッドを立て気味にしたり、寝かせ気味にしたり調整するのである。このとき、大概の方はサイドキャストは問題ないが、オフショルダーは苦手というケースが多い気がす

る。流れが自分の利き腕と反対に上手に攻略できない場合が多くなると、釣れる可能性の尺ヤマメの数も半分になってしまう。右利きが多いせいか、右岸にサオ抜けができやすいのもこのためだと思う。

釣りの基本はスリークオーターでも、両サイドを同じ感覚で振れるようになるには、身体を開かずにショートストロークでのオーバーヘッドでキャストを練習するほうがよいと思う。オーバーヘッド・キャストで練習した経験のある方は、比較的オフショルダーのキャストも上手なことが多いようだ。逆に身体を開いてのロングストロークサイドキャストでキャスティング練習した人は、オフショルダーへの応用力が足りないように感じる。

ロッドの角度を変えてのキャストだが、

サイドキャスト
サイドキャストでは肘が内側に入る

オフショルダーキャスト

オフショルダーでは肘が開く

ロッドの角度は肘から先の腕の角度で決まる

サイドキャスト（左）とオフショルダーキャスト（下）。実際の釣りではこの2つのキャスティングフォームが基本になるため、どちらも同じようにできるようにしておく必要がある

角度で応じきれない場合は、身体を傾けて対応する。身体が動きに慣れるうちに、他の方法では体勢が崩れざるを得ないことに気がつくと思う。ポイントに対して身体の向きは傾いても真っ直ぐでないと、精度に影響を及ぼすため注意が必要である。

腕の角度＝サオの角度＋身体の傾斜を上手く使い、あらゆる角度からの安定したキャストを、と思っている。もう1つ、注意点としては手首の角度調整は最小限にとどめたほうがキャスト面は壊れにくい。すべては同じことについて説明したが、それぞれの感覚で理解できる糸口を見つけてほしいものである。

このキャストの重要性は、すべてのプレゼンテーションにかかわる。くどいようだが、これができないとロングティペットの威力は発揮できない。いろいろな方を見てきたが、かなりのベテランでさえ得意な方向からキャストしようとしてしまうのが現実である。これからこの釣りを習得しようとしている方は、そのクセがつく前に何とかしたほうが後々釣りの組み立てが楽になると思う。

ロッドが腕の延長に近い感覚になっていると面で振りやすいと思う。リストと肘の間を中心と考え、サイドキャストの場合は肘を内側に入れる。逆にオフショルダーの場合は、肘を開くと楽に反対にティップを倒しやすい（以下P95図）。スリークオーターくらいの角度ならそれほど窮屈感はないと思うが、水平に近くなった場合はかなりの違和感があると思う。腕の

6章
プレゼンテーション

ロングティペットの釣りは、魚本位の立ち位置を可能にしてくれる。
まず魚の付き場と捕食の関係を理解し、
そこからさまざまな流れの形にマッチしたプレゼンテーション、着水後のライン〜
ティペットコントロールをマスターしていこう。

1 流れの読み方と立ち位置の重要性

付き場を考える

ポイントに対して、食わせるための状態でフライをキャストするのがプレゼンテーションである。もちろん魚がもっとも食べやすいようにフライを置いてあげるのが最上で、釣り人が投げやすいような形を優先しては釣果の向上などありえない。そのためにはどのような流れに魚がいてエサを捕食するのかを理解し、警戒心を与えない立ち位置からどのような形でライン、ティペット、フライを置くべきかを魚本位で推察し、実行する必要がある。

まず流れの読み方と魚の居場所＆捕食場所の想定と、その流れをどのようにしてドリフトしたらいいかの2つに分けることができると思う。ドライフライに出る流れがもっとも分かりやすいのが、バブルラインである。よほど速い流れでは分かりにくいが、ほとんどのライズポイントをよく観察すると、泡の筋になっているものである。要するにライズがなくても水面に興味のある魚は、間違いなく泡の筋を見ているのだ。泡が消えずに筋となる流れは、流速や水面が安定しているといえる。そして流れが集まる最上級ポイントになる。流れの筋＝バブルラインと思えば分かりやすいと思う。これをドライフライの釣りで流れを観察するための第一歩とする。

次に魚の付き場の考察である。単純に大きな魚ほどたくさんのエサを要する。本当に小さなスポットは別だが、ある程度の大きさのプールなどでは、大きなよい場所から魚が並んでいることが多い。大きなプールはその川のすべての水がとまって流れ込むようになっていて、当然エサもまとまって流れ込むことになる。橋の上からプールをのぞけるような場所を、ライズしているときに観察してみるとよい。ほとんどの場合は、もっとも流れの強い流心の先頭に立つのが大ものである。

ライズ心の先頭に少なくライズのないときはどうだろうか？ 大ものがいた流心には小ものが数尾定位してエサを捜し、大ものはよく見ると底のほうでじっとしているのである。いわゆる費用対効果の法則で、労力を食べ物のカロリーが上回らない限りは動かないし、水面よりも水中に多くのエサが流れればドライには見向きもしないのが普通だ。たくさん虫が流下していて、そのサイズが小さいときには、ヒラキのゆるい場所に大ものが出ているのもこのことから理解できると思う。小さな虫にライズする際の虫の流下量は相当なもので、相当量食わないとカロリーとして足りない。そうなると水面も見やすくゆっくり食べられるヒラキに、水面に出てくるのは当然ともいえる。大きな虫は粗い水面でも見やすく個体数も少ないことから、食べるには群れの先頭に立たざるを得なくなるのも理解できると思う。

瀬の落ち込みからプール対岸の際に沿って伸びるバブルライン。きっちり教科書どおりの流れで水面のドライフライが消えた

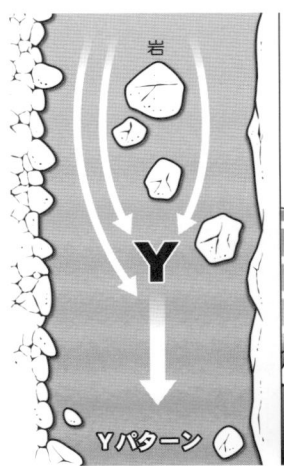

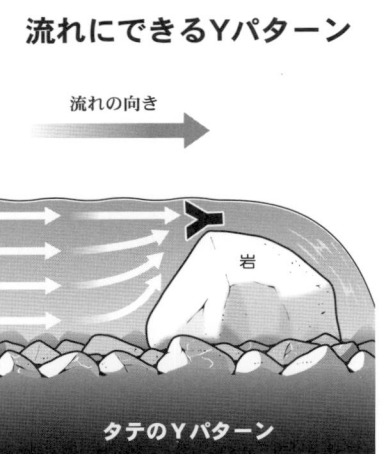

流れにできるYパターン

流れの向き →

岩

Yパターン

岩

タテのYパターン

プールエンドに近い対岸岩肌を伝って滝の水が流れ込む。ここでは複数の要素が付き場を作り出している

瀬の場合はどうだろうか？　水深のあるヤ深瀬ではプールに近い状況にもなるが、渓流では全体に浅いことが多く、待つエサは水面と水中の両にらみになる。これが渓流のドライで釣り上がりを可能にする最大の要素だ。プールではライズがないとなかなかドライに出ないが、瀬はライズがなくても出る場合が多いのはこのことから考えても普通である。従って、ドライフライでのねらいめとなるわけだが、いかんせん渓流域の瀬では尺ヤマメが出ない。これはどうしても前記の法則で、プールのほうが成長は早くなるため仕方がないことである。

ただし、本流域では全く話が違い、瀬からも普通に尺ヤマメが出る。やはり、水量（＝エサの量）が重要であるといえる。

また、秋の移動時期などには、瀬からも尺ヤマメが出ることがあるので覚えておいたほうがよい。これは尺ヤマメに限らず、瀬の中での一級ポイントである。まず基本はYパターン（以下P99図）である。単純な流れではなく、複数の流れが合わさってくると

ころに大ものは付く。もちろんハイシーズンにも良型が付くことが多く、1級ポイントである。この場合の水深は意外に関係なく、浅かろうが緩かろうが要注意だ。さらには瀬肩。これも実は縦のYパターンといえ、水中のエサも浮き上がり水面も意識できる絶好のポイントなのである。付け加えるが、用水路や沢などの合流、水中の障害物による底流れの変化などによるYパターンにも気を配る必要がある。小滝になって落ち込んでいる場所（P99写真）などは酸素量も豊富なため、秋の大ものを意識するなら見逃してはならないポイントである。

やはり渓流ではプールにのみ尺ヤマメの可能性が高い。身を隠すための水深（増水時も含む）であったり、エサの量であったり、魚にとって有利な部分が多い。大きな魚は広い縄張りを必要とするのである。そのプールでは、尺ヤマメが浮いている状況以外ではほとんどの場合釣りが成立しないことが多い。では、ライズや魚影などが見えないときには釣らないかといえば、これはポイントの形状次第ということになる。岩盤にぶつかるようなプールは要注意

である。経験上、そのような場所では見えずとも尺ヤマメが出やすい。やはり流れが集中することと、岩盤に寄り添っている安心感、流れが緩やかなどの条件が重なり、見えにくくても浮いている（水面近くに定位している）場合が多いようである。岩や障害物の際は、一応流さなければいけないポイントである。何もなくても、流心も数投は流したほうがよい。ライズがない場合は大きめのフライを流し、勝負を早くすることで効率をよくする。

ロングティペットの立ち位置

魚のいる可能性の高い流れが理解できたら、次に立ち位置である。想定した位置にいる魚を脅かさない距離がまず大事だが、アップでねらう場合は意外に近づけるのも事実である。しかし、角度が狭くなるとフライから先行で流すことが難しくなることもあり、ドリフトの点ではサイドに立ったほうが流しやすい。そのバランスが重要で、冷静に魚本位で考えて立ち位置を確定するべきである。これはどのような形でもキャスト＆ドリフトできる人と、決まった形でしかできない人とでは大きな違いがある。魚本位で考えないと

フライを食わせるうえで絶対不利になる。自分本位に考えた分だけ、釣れる状態から遠のいていくのだと思う。
サイドからのアプローチでも、速い流れを間に置いた場合はかなり近づくことができる。これは速い流れが魚の警戒心を遮断してくれるため、ロングティペットで対岸の魚がよく釣れるのは理にかなっている。警戒心を抱かせない立ち位置からフライ先行のナチュラルドリフトで流せば、ほとんどの水面を向いている魚は反応してくれるのである。そこから先の話が、フライ選びということだ。

意外に思えるが、流心の手前側にいる魚も近づくことができる。手前の流れが緩く浅いと逃げてしまいそうに感じるが、魚は流心からこぼれてくるエサに集中しているときには反対側に気が回らないようである。

魚がどの場所からくるエサを待っているかでも近づける距離は変わってくる。これらのことも頭に入れつつ、あとは経験を培っていくしかない。また、水量や濁り具合によるブラインド効果も利用できるようになると、さらに有利な勝負が展開できる。

ショートティペットで釣っていた頃の僕

は、なるべく流れの真下に立ち、距離をとりストレートでもきれいに流れるポジションを模索していた。どうしても流れをまたぐときはロッドを立ててアーチ状にして、ラインとティペットが水面に触れるのを防いでドラッグ回避したものである。それで＃12前後のハックルフライ・スピナーを結んで釣っても、かなりの釣果があった。それはそれで面白かったし、これこそがフライフィッシングと思い込んでいた。しかし、今となってみれば釣れてくれていた魚はごく一部で、尺ヤマメに至っては現在の10分の1ほどしか釣れなかった。

ロングティペットに変わってもっとも違うと思う点は、まさに立ち位置である。自分本位で決めていた立ち位置から、魚本位の立ち位置に変わった。このことはかなり大きい。どの場所からポイントをねらっても、ある程度以上のドリフトが可能なのだ。これこそが日本の渓流で育った、ジャパニーズ・フライフィッシングだと思う。数十年前に日本にフライフィッシングが海外から伝わり、年月を経て完全に我が国独自のドライフライの世界を創ったのである。これは岩井渓一郎氏などの先駆者たちに素直に敬意を表する。そして、この釣りをマスターしている釣り人が世界のどこに行ってもトップレベルの釣りを展開していることも事実である。この日本の釣り（ロングティペットでのドライフライフィッシング）を誇りに思ってよいし、日本で作られている道具（フックやフロータント、イト類など）も世界を引っぱっていると思う。これもすべてヤマメ、イワナのおかげではないか。日本の渓流のような釣り場は世界に数あれど、ヤマメのような魚にほかに存在しない。イワナに関しても、日本のイワナは特別な感じがある。要するにこの魚たちが釣り人を育て、釣り自体のレベルアップに繋がったと思う。これは魚自体が持つ魅力の大きさが釣り人に執着心を呼び起こし、夢中にさせ、情熱を引き出してきた結果である。

世界に目を向ければ、アトランティックサーモン、スティールヘッド、シートラウト、レインボー、ブラウンなど、やはりそれぞれのターゲットに合わせたキャストや釣法が生まれてきた。一方で日本でヤマメ、イワナを釣るためにロングティペットの釣りが生まれ、フライの形態までも変えたことはすごいことではないか。ほかの釣り方を覚えるのはロングティペットの渓流フライフィッシングをマスターしてからでも遅くないのではないか？　そう思うほど楽しく没頭できるドライフライ・フィッシングだと、自信を持って推薦できるドライフライ・フィッシングだと思っている。

アップかクロスか？　立ち位置はまず魚本位に、そして魚の警戒心とドリフトのしやすさを天秤にかけて決めていく

2 メンディング 〜ラインの処理

ラインを持ち上げる・ロールさせる

 ロングティペットのもっとも象徴的なテクニックがメンディングである。メンディングを実際に効果がある形で行なうことは意外に難しく、運動能力にもかかわる動作でもある。
 基本的に、ドラッグが掛かることに気がついた段階でのメンディングはドリフトを悪化させる。メンディングが可能な程度のティペットの弛みができない場合も、マイナスに作用する場合がほとんどである。メンディングとは一度置いたラインを置き直す動作であるが、そのために体勢を作る必要がある。それがロングティペットでは一番のメリットになるわけで、ショートティペットのメンディングとは難易度が大きく違ってくる。ダウンクロスは別だが、ショートティペットではメンディングしてもドリフトを助けているのかフライに誘いを掛けている（あるいは単なるドラッグ?）のか、他人から見ると判断がつかないほどである。もちろんそれで釣れないこともないと思うが、有利な状況ではないことは確かだ。
 メンディングの仕方は、2種類に大きく分けることができる。1つはラインを持ち上げて置き直すメンディングである（P103上図）。これが最も簡単で効果的なメンディングなのだが、意外にできていない方が多いようだ。まずタイミングが、キャストして2秒以内くらいを目安に行なわないといけない。早すぎてフライで動かすのはダメだが、リーダー&フライの着水後はいくら早く行なってもよい。このときにサオの動きも重要である。サオ先でこねるようにしては絶対に上手くいかない。なるべくラインの大半〜リーダーのバット部分まで動かしたいのが普通であるため、ロッドのバット部分を曲げるような動きが必要だ。そのためには手首で操作するのではなく、腕全体を持ち上げるような動作にすると効率よく伝達することができる。この動作も、やはりバットから曲がりやすいトルクのあるスローロッドが向いている。
 もう1つのメンディングはロールメンディングである（P103下図。次項P109図でも詳解）これこそがロングティペットの最大の利点となるメンディングだと思う。これは弛ませたティペットを最大限に利用して小さくロールキャストを放ち、リーダーやティペット部分をフライのさらに奥にまで動かしてあげることも可能なテクニックである。上手にできれば、流心の向こうの巻き返しなども一流しでドリフトすることも可能となる。方法だが、まずティペットを最大限に弛ませたキャストをする。そしてティップを起こし、ドラッグの掛かりにくい流れにロールキャストを行ないラインを置き直す。その場所は流れによってティペットが伸ばされそうになるのをカバーできる

メンディング1

流れ

メンディング

一度着水したラインを上流に置き直す

メンディング2

巻き返し

小さなロールキャストにより
リーダー、ティペット部分
まで置き直すことが可能

位置である。この際、振りかぶりすぎに注意すること。ロッドティップは自分の身体よりも前の状態でロールキャストを行なうのが理想となる。それよりも振りかぶると、その瞬間に魚が出てしまった場合アワセが効かず、モーションも大きくなりフッキングミスの危険性が増す。

スローなバットと、さらに軟らかいティップの先端を備えた2段アクションのロッドは、難しく思えるこのメンディングを容易にしてくれる。つまり道具次第で楽に行なえるのである。なお、リーダーティペットの全長は20フィート以上あったほうが楽である。

ラインハンドの重要性

ライン処理についてだが、ロングティペット派でもピョンピョンとサオ先を跳ね上げてハンドツイストする方もよく見かけるが、これはロッドが長いからこそできる話で、短いバンブーロッドでは難しい。魚が高くすべての動作を速やかに行なわなければならない場面で、3倍どもスピード差で劣るハンドツイストでライン回収することには僕は意義を見出せない。

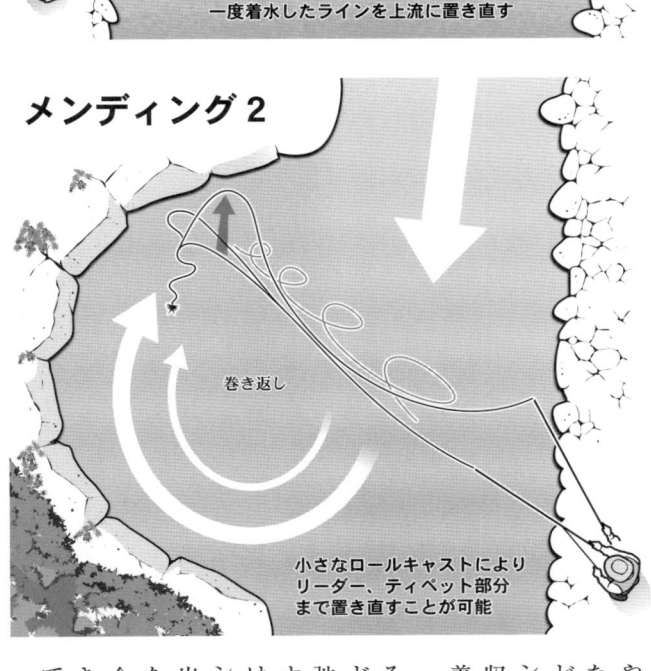

ロングティペットではいろいろなメンディングや、ドリフトのために相当な弛みをつくってキャストする場合が多い。ときには毎秒1m以上ものラインを手繰り取る必要も出るのである。それを行なわないと、魚が出た場合に合わせることができないし、合わせたとしてもテンションが掛かり

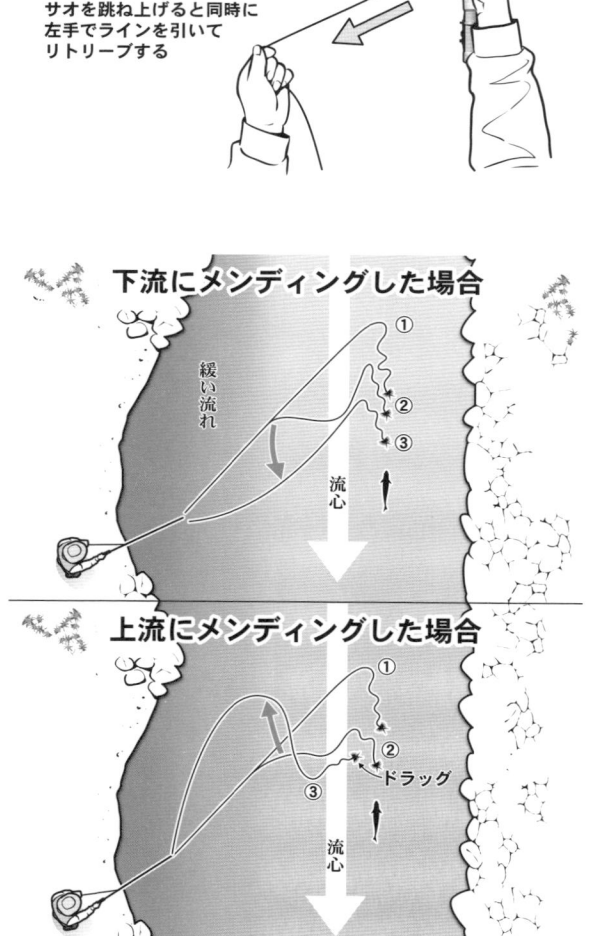

ラインを跳ね上げるライン処理

サオを跳ね上げると同時に左手でラインを引いてリトリーブする

下流にメンディングした場合

緩い流れ / 流心

上流にメンディングした場合

ドラッグ / 流心

きらずバラす結果となる。

すべての動作は最終的に魚を釣りあげるためのものであることを忘れてはならない。キャストしたらすぐにラインをリトリーブする体勢に入るべきであり、ロッドを持つ手の人差し指でラインを取ることが重要である。これは一連の動作で、考えている間などない。これをせずにハンドツイストですむのは、長めのロッド＆8ヤード以内のキャスト距離という限定した釣りに限られる。確かにこの範囲内での効率はよく、その釣り方のみを望むなら否定するものではない。しかし、さらなるラインやリーダー・ティペットの弛みを作ってから操作する場合は、手繰り取れる要素は最大限に使える用意をする必要があると思う。

また、前記の部分で否定したように感じるかもしれないが、キャストしてすぐにラインを跳ね上げるのはかなりの効果があるのも事実である。手前に落ち込みやヨレなどラインを巻き込みやすい流れがある場合には、その後のライン処理の水離れをよくしてアワセを有効にできる。

104

メンディングの一例。写真（左）手前と奥にある大小の流心に挟まれた水面のスペース＝ラインが水面に接する点からの直線部分は流れが緩やか。ここではこの部分を生かして縦にメンディングを行ない、手前と奥のライン、リーダー・ティペットをコントロールして対岸際にフライをドリフトさせている

3 流れの形 〜プレゼンテーションの形

プレゼンテーションは、流れの形を意識してどこの流れにどのような形でフライ〜ラインを着水させるのかが問題である。よくある流れの形と、その攻略を解説していきたい。流れの形と、流れの形に対するプレゼンテーションの形と、メンディングの効果を

着水後1〜2秒と、3秒以上経ったラインでは水離れは大きく違う。したがって数秒ごとに水から引きはがしてあげるのも有効である。リトリーブと併用すれば、さらに効果をあげることができる。サオを持ち上げるのと一緒にラインも引くことで伝達を助け、ラインを動かす力を倍増できるのである（P104上図）。これならリーダー部分まで水からはがすことも可能になるし、ライン回収も同時に進行できるので一石二鳥である。ラインの回収にしても送り出しにしても、リトリーブ体勢に入ったほうが効率はよい。メンディングは流れの先にラインを置き

なおす場合が多いのはもちろんではあるが、下流側に置きなおす場合もあることをおぼえておきたい（P104下図）。せっかく意図したとおりのV字の形でプレゼンテーションしたのに手前側の流速がおそすぎる場合（もしくは反転している場合）、手前のラインを持ち上げて下流側に引き剥がすようにラインを置きなおしてあげるとよい。この場合は、ラインを回収しながらのメンディングで操作する必要がある。そうすることでV字が崩れていくのを遅らせることができる。この応用も常に頭に入れておくと、他のメンディングとの併用で効果の相乗も期待できる。

流れの手前と向こう側でのプレゼンテーションの違い

単純に流心の手前と向こうでは、プレゼンテーションは大きく異なる。手前側を釣る場合は奥から順番に流れるため、真っ直ぐに投げてもフライから先に流れてくれる。この状態はショートティペットでの理想形プレゼンテーションであり、以前の僕はこの形にするべく立ち位置を工夫したり、リーチキャストしたりしたものである。

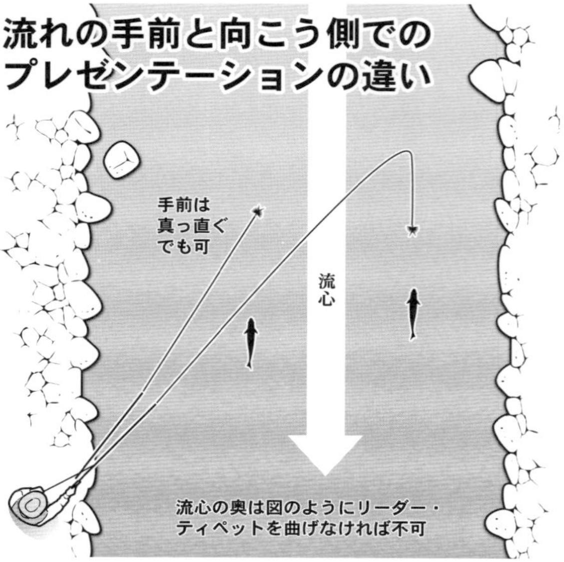

流心の手前側と向こう側

手前は真っ直ぐでも可

流心

流心の奥は図のようにリーダー・ティペットを曲げなければ不可

理解できれば、あとはそれぞれの応用ですべての流れを克服することに近づけると思う。

なかった。当然ロッドは長いほうが有利で、それでもかなり近づく必要があった。その点、ロングティペットは手前を釣るのと同じ場所から釣りをすることが可能となる。これは長いティペットを折り返すようなイメージで弛ませて落とすことによって、流心に引っぱられる部分とフライが流れる部分の流速の時間差を埋めてあげることができるため、かなりの距離をドリフトさせることが可能になる（以下、P107図）。基本パターンの一番が、この応用だと思ってよい。これは折り返す部分が着水する場所を、自由に操作できることによってあらゆる流れに対処可能になる。要するに同じ流心の向こうにするにせよ、折り返しの場所を流心か、フライの真上にするか、それともフライ付近にするか（ティペットはかなり弛んで固まる）か、までをコントロールすることになる。それを実現するには流れに対する立ち位置やロッドの角度までも影響してくるので、どうしたらどのように流れるかを自分の中で理解する必要がある。

このプレゼンテーションが理解できていれば、その後のメンディングやライン処理

ロングティペットを使ったキャストもさほどの差はなく、同じようにほぼターンオーバー気味に真っ直ぐに投げるのみである。「ほぼターンオーバー」というのが微妙な表現ではあるが、少しでもフライの近くが曲がっている状態であれば、落ちてすぐのアタックにも対処できる。
着水後のライン処理は、弛んだ部分を手繰り取る程度でよい。もちろん跳ね上げのメンディングも、合わせた際の水離れの観点から有効となる。
問題は流心の向こう側だ。ショートティペットで釣っていたときには、流心にラインが流されないようにロッドティップを高く上げてブリッジ状にして、ティペットの先のみを水につけてやるしか

ロングティペットのドリフト

流心

かなりの距離をドリフトできる

速い流れ　緩い流れ

ループの角

ループの角をどの位置にするかでドリフトも変化する

ループの角を緩いほうに持っていけばいくほどフライは逆ドラッグ気味にゆっくり流れる

はさらに楽になる。この場合も手前に流れてくるラインをただ手繰るだけでもかなりの距離がドリフトできるが、上流側にメンディングすればさらにドリフト距離を伸ばすことができる。ロールメンディングなら流心から外側に外れていくような流れでもドリフトが可能になるのである（P108図）。

巻き返し

巻き返しはイワナにとっては最大のポイントとなるが、大ヤマメにも増水時など絶好のポイントとなるのでぜひとも攻略しておきたい。この場合、魚は100％下流側を向いていると思ってよく、それを意識した釣りの組み立てをしなければならない。

魚たちはどのような流れでも、流れがある限りその方向を向いている。アップで釣る場合、巻き返しはよほど緩くティペット先行でなくても大きなティペット先行を基本とする。緩く大きな巻き返しの場合は普通の流れと同じように考えてよいが、狭く速い場合はゴミなどもグルグル回っているのが普通で、ティペットの存在は消しやすいほうがほとんどであるから、レーンも狭い場合がだ。レーンも狭い場合が多いので、まずは流れどおりにフライがトレースされる必要がある。方法は上流側にループを作ってティペット先行で弛ませて置き、ロールメンディングでティペットの弛みを継続させてあげればよい（以下P109図）。ほんの少しだけフライが流れるレーンより手前にティペットをコントロールできれば、フライの流れる先にティペットがあることも防げるし

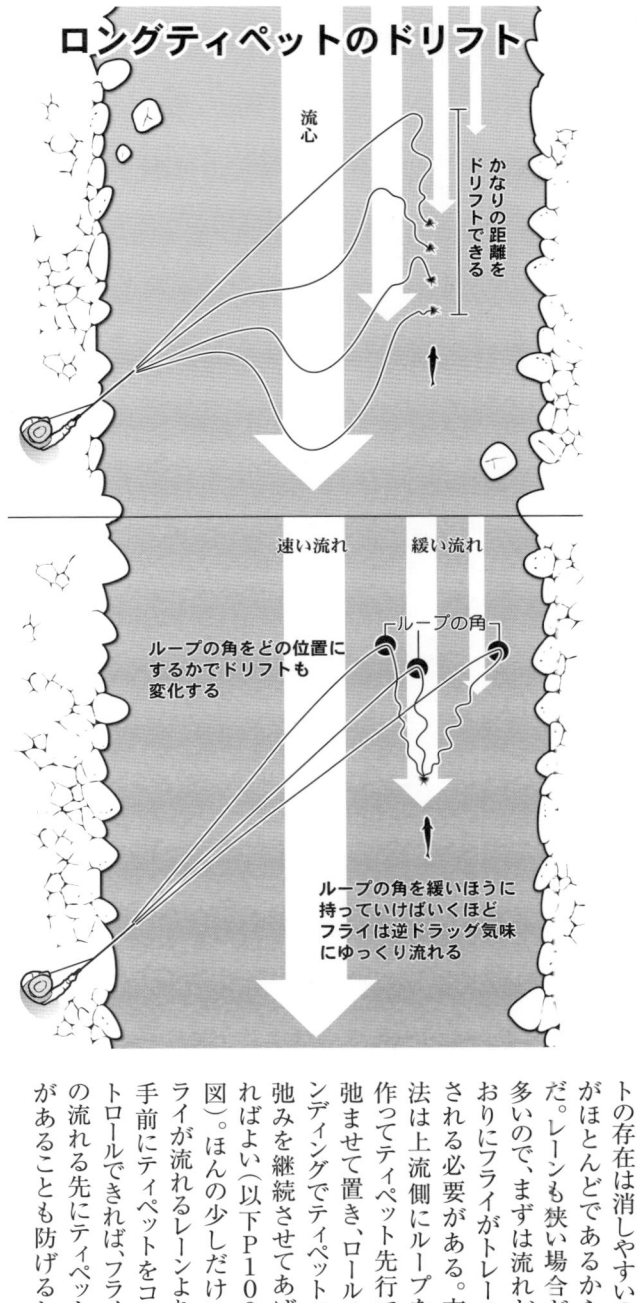

107

ボサ下の流れ

ボサ下の空間をのぞくと、大ものが平然とライズを繰り返しているのをよく目にすることができる。ティペットが短いとフライが入ってもすぐにドラグが掛かる。

フッキング率もアップすることができる。ラインの処理は、送り込みに近いロールメンディングを行なうため、手繰るのは合わせることのできるぎりぎりのところで調節しなければならない。これもロッドやティペットの長さで変わるため、それぞれが数をこなして身につける必要がある。

この方法はアップ方向からサイドまでの手段で、ダウンクロスからサイドに立ち位置を取れればさらに簡単に流すことができる。この場合はフライ先行で流すことも容易なため、大ヤマメを見つけた場合など、一発勝負では可能な限り上流側に回るほうが成功率は高くなる。方法は対岸から下流に向かって流れ側にロッドを倒してキャストし、折りたたんでティペットをたるませて置き、流心に取られるラインを跳ね上げてメンディングを繰り返す。これはその位置に立ててメンディングラインを倒してしまえば、流心にラインを取られる魚の後ろから近づけるためアップで釣るのと理屈上は変わらない。ただし回り込むリスクや立ち位置の制限などがあるため、どちらからでも流せるようにならないとマイナスとなる。立ち位置による苦手意識は、前項でも解説したがなくすに越したことはない。

ロールメンディング

ロールメンディングならティペット部まで奥に持っていけるため、外に広がっていく流れに対応できる

メンディング後の状態

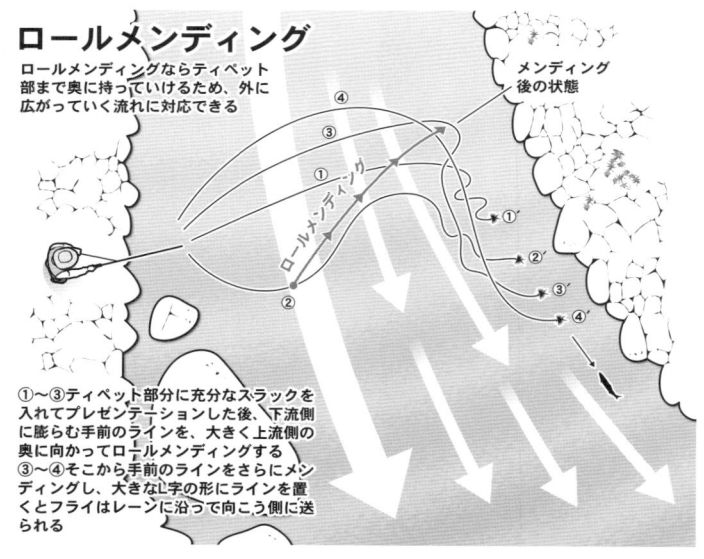

①〜③ティペット部分に充分なスラックを入れてプレゼンテーションした後、下流側に膨らむ手前のラインを、大きく上流側の奥に向かってロールメンディングする
③〜④そこから手前のラインをさらにメンディングし、大きなL字の形にラインを置くとフライはレーンに沿って向こう側に送られる

末広がりの流れ

　プールのヒラキや瀬の肩に障害物がある場所などでは、ねらうべき流れが釣り人側から見てまっすぐ下流へ行かず、向こう側へ逸れていくようになっていることがある。この場合、単純にラインを上流側に置き直すだけのメンディングでは、弛みがどんどん少なくなり、少しずつフライが引っ張られてドラグが掛かってしまう。このようなときにもロールメンディングはかなり有効な手段となる。
　ある程度スレてきた魚は、しっかりと流れに沿って流下するものしか食わず、少しでもスライドしてレーンから外れたものには途端に反応しなくなる。しかし、手前から向こうに逃げていくような流れでは、見た目には大きくフライが動かないため、ドラグが掛かっていることに気づきにくい。自分のフライが乗っているのが本当に正しい流れなのか、ゴミや泡の動きなどを参考にして厳しく見極めなければならない。
　このような場所では、サイド〜ダウンクロスの立ち位置からねらっていく。サイドキャストでターンオーバーさせずにフライを着水させ、すぐにフライの上流側（感覚的には上流側の奥）に向かってロールメンディングする（以下図①〜④の手順）。③〜④を継続することで、流心に手前のラインが取られることなくフライを本来のレーンどおりに流し切ることができる。この方法は護岸のヘリを釣るときにも有効だし、ダウンで障害物の向こう側を流す場合にも効果的である。またフラットな水面での流し込みなどでは、フライが引っ張られるまで連続して行なうことで、魚の真上（上流）から真っ直ぐにフライ先行で流すことも可能だ。

ロールメンディング（巻き返し）

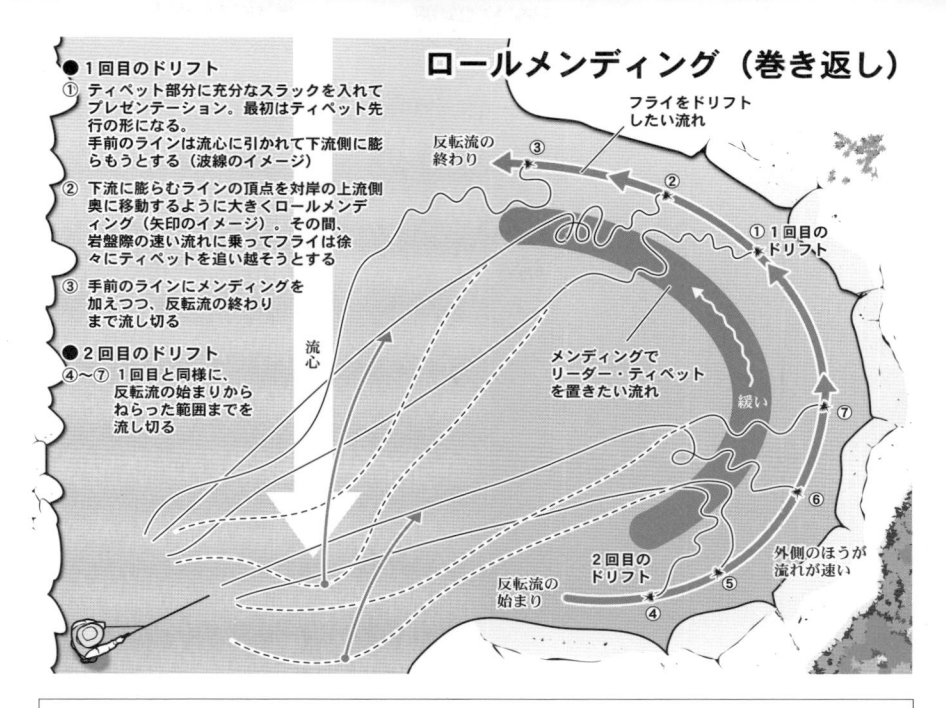

● 1回目のドリフト
① ティペット部分に充分なスラックを入れてプレゼンテーション。最初はティペット先行の形になる。手前のラインは流心に引かれて下流側に膨らもうとする（波線のイメージ）

② 下流に膨らむラインの頂点を対岸の上流側奥に移動するように大きくロールメンディング（矢印のイメージ）。その間、岩盤際の速い流れに乗ってフライは徐々にティペットを追い越そうとする

③ 手前のラインにメンディングを加えつつ、反転流の終わりまで流し切る

● 2回目のドリフト
④〜⑦ 1回目と同様に、反転流の始まりからねらった範囲までを流し切る

（図中ラベル）
フライをドリフトしたい流れ
反転流の終わり
① 1回目のドリフト
流心
メンディングでリーダー・ティペットを置きたい流れ
緩い
外側のほうが流れが速い
2回目のドリフト
反転流の始まり

巻き返し

　アップクロスでねらう対岸の巻き返し（反転流）は、ロールメンディングなくしては攻略し難い典型的なポイント。僕はここでは、あえてティペット先行気味にプレゼンテーションキャストする。フライ先行で流すほうが食いがよいのは基本だが、巻き返しには外周部のほうが流れが速く、慣れてくれば、ティペット先行の形に置いても魚の上にはティペットを通さずにドリフトができる。流れの奥と手前との速度差を利用し、そこにロールメンディングを加えてドリフトするのである。ロールメンディングを連続して行なえば、大きな巻き返しでも一度でドリフトすることが可能だが、アワセの確実性が下がるので区切ってねらうほうがいい。確実なアワセを含めて自分が1回のロールメンディングで無理なく流せる距離を判断して、その長さにあわせて上流から釣っていく（ここでの「上流」とは、巻き返しの流れの筋における上流側を差す）。魚の付く場所を予測できるなら全体をカバーすることにこだわる必要はなく、その場所に集中して流すようにすればさらに釣れる確率が上がる。

長いと入らない。いずれもよくある話である。しかし大ものを手にするためには、このポイントもどうしてもなんとかしたい。
　実際は、ボサ下に空間が少しでもあれば、そこにフライを滑り込ませることはロングティペットでも可能である。上下に1mの空間があれば3m以上奥に入れることができると思うし、10cmなら20cmほどになるかもしれない（以下P110図）。正確に計測したことはないが、そのような感覚である。それを実現するためには水平で平面なループが必要であることは、容易に想像できると思う。V字の鋭角ループならオーバーヘッドに近い状態からでも、かなり突っ込ませることも可能である。ただしそれだけではティペットの角が突っ込むだけでフライが入らないため、ターンオーバーと推進力を助長する操作が必要となる。まずは力強い平面なループを空いている空間に走らせる。そして空間に入り込んでいく寸前に、ロッドティップを少し起こしてあげる。それによってベリーが水面についてあぐ、引っぱられることでターンオーバーを補助することになる。これはかなり強力なテクニックであるが、僕も毎回上手には

ボサ下をねらう

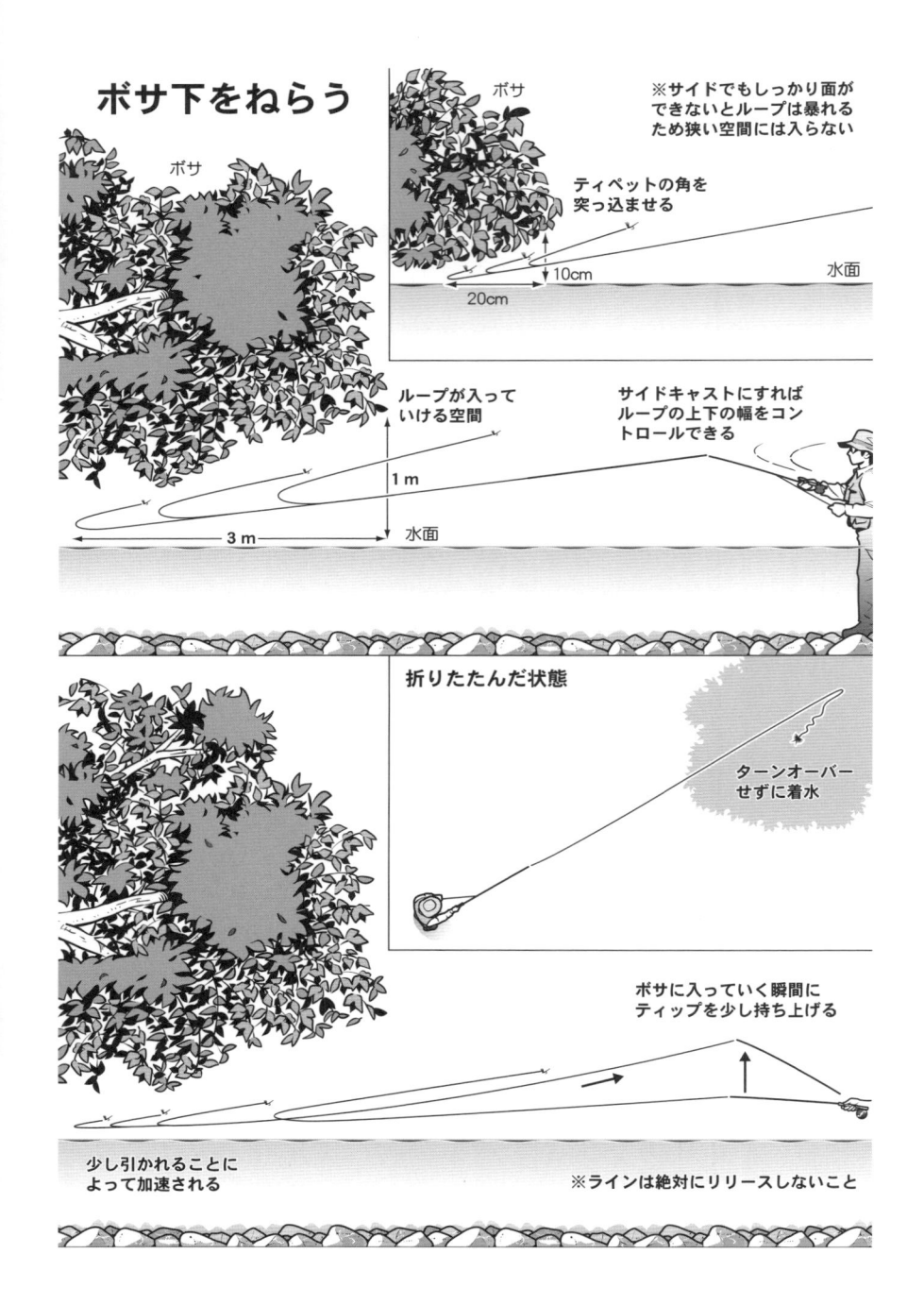

ボサ

ボサ

※サイドでもしっかり面ができないとループは暴れるため狭い空間には入らない

ティペットの角を突っ込ませる

10cm
20cm
水面

ループが入っていける空間

1m
3m
水面

サイドキャストにすればループの上下の幅をコントロールできる

折りたたんだ状態

ターンオーバーせずに着水

ボサに入っていく瞬間にティップを少し持ち上げる

少し引かれることによって加速される

※ラインは絶対にリリースしないこと

ティペットの長さは自分がターンオーバーさせることのできるぎりぎりの長さで、22フィートくらいを最長に考えておくとよい。それ以上長くしてもデメリットが発生しやすく、戦力にしづらいと僕自身は感じている。ターンオーバーぎりぎりということは、少し加減すれば伸びきらない折りたたんだ状態（P110中図）で落とせることになる。そのことが重要で、ティペットは弛んでこそドリフトを助けるのである。弛みはコントロールすようなキャストによって思いどおりにフライの落とす位置も調整できる。端で刺すようなキャストによって思いどおりにフライの落とす位置も調整できる。それに慣れれば、角の位置を空中に持っていても何とかなるものだ。適切な道具立てで繰り返し意識しながら釣ることが、もっとも上達の近道ではないだろうか。

4 ロングティペットの扱い

トラブルフリーで一定の長さを保つ

ロングティペットはトラブルが当然起こりやすい。よいプレゼンテーションをするには、トラブルのないシステムの扱いを肝に銘じる必要がある。理想をいえば、ウインドノット1つもない状態で長いティペットに1つのウインドノットもない状態を維持できるように自分が決めた長さを保てているか、常に確認する必要もある。これは上手な人ほど確認しているものだ。ポイント移動時、ティップ側のスネークガイド

できないほど難易度が高い。それでもボサ下は失敗すれば魚より手前に落下するため、何回も挑戦できる場合が多くトライする価値は充分にあると思う。ちなみに、オフショルダーからのボサ下キャストはさらに難易度を増すことも覚えておきたい。

これらのプレゼンテーションの意味を理解して実践できるようなら、それ以外の流れも楽にこなせているはずである。流れの形と魚のいる場所を理解して、そこにフライ先行でドリフトするようにプレゼンテーションできれば完璧である。それをほとんどの流れで実現するためのロングティペットであり、利用できる・できないはバランスのよいシステムと腕次第。腕は努力しながら少しずつしか伸びないが、バランスのとれたシステムはすぐにでも実践できるのだ。上手くできない人のほとんどはシステムがいいかげんで、ありあわせで行き当たりばったりなシステムのようである。それでは上手な人でも上手くコントロールできないし、自信のない人は限りなく無理な状態となる。まずはこの釣りに合ったシステム作りから、気をつけて行なうのが近道なのだ。

実際に自分が決めた長さを保てているか、常に確認する必要もある。これは上手な人ほど確認しているものだ。ポイント移動時、ティップ側のスネークガイドり、その部分から切れたりした場合は、即リーダーを全交換したほうが快適な釣りができる。最終的には長いティペットに1つのウインドノットもない状態を維持できるように自分が決めた長さを保てているか、常に確認する必要もある。実際に自分が決めた長さを保てているか、常に確認する必要もある。これは上手な人ほど確認しているものだ。ポイント移動時、ティップ側のスネークガイドダー側のティペット部分に結び目ができたり、その部分から切れたりした場合は、即リーダーを全交換したほうが快適な釣りができる。最終的には長いティペットに1つのウインドノットもない状態を維持できるように自分が決めた長さを保てているか、常に確認するべきである。はじめのうちはどうしようもないほどの頻度で起こるため、引っぱっても強度確認するくらいで続けるほうが時間的に有意義と思える。しかしそれはティペットの話で、リー

決まった位置にフライを掛け、リールで折り返して巻き取った際のラインの先端位置で確認するのが普通である(以下P113上図)。僕の場合は先端から4番目のスネークにフライを掛け、ラインの先端がグリップの先付近にある状態が標準である(全長21フィート)。

各自最初に決めた長さを常に確認しながら釣らないと、ロングティペットの釣りであることの意味がぼやけてしまう。このシステムもラインの先端まで出してまえに取り回しができるのだが、そこまでの段階でのトラブルをよく見かける。

まず、フライを出している状態ではラインの先をフラインから外してはならない。フライはスネークに付いた状態で水平に出し、その部分を弛ませてラインを引き出し、ラインを軽く叩けばフライはポロリと外れるロッドの先を叩けばよい。コンコンとグリップの先を叩けばフライはポロリと外れし、ラインを出せるのも早い。

あとは備品の中で最も重要な、フォーセップのことを忘れてはならない。ロングティペットの場合は十分な弛みがあるため、うまくいけばいくほどフライを飲み込まれる可能性が高くなる。しかもヤマメねらいの場合はバーブ付きのフックを自分の場合使用するので、必需品となるわ

けである。少し長めのカーブタイプが使いやすく、よほど簡単にはずせそうな場合を除いては常に使うようにしている。これに慣れると、どのようなフッキングでも魚を傷めずにリリースすることができるのでベストの内側の取り出しやすい位置に配置することをお勧めする。

ネットは尺ヤマメねらいの必需品

トラブルを起こさないためには、自分の身なりにも気を配る必要がある。ベストに取り付けるものなどもトラブルの原因となるものは排除したいし、よく使うものは楽に取り出せるような工夫が必要なのだ(P113写真)。また、渓流ではショルダーバッグはお勧めできない。立ち込んでも濡れやすく、ランディングネットの位置が下がるし、ヘツリでも邪魔になるなど不便ばかりが目立つ。ただそれも適材適所で、忍野のように立ち込めずニーブーツでの釣りでは涼しいし、何の不都合もなく雰囲気もよい。道具の意味を理解して使いこなしたいものである。

ランディングネット(下写真)は、大ヤマメをねらうなら絶対に必要である。釣ったあとの写真の小道具と考えていては、肝心

なときに泣きをみる。尺オーバーの一生モノ・ヤマメを取れるか取れないかは、ネットの大きさ次第ということもあり得るのである。理想はラウンド〜広めのティアドロップ型で、内径が26cm以上あったほうがよい。ネットはリリースネット(メッシュ生地)でも手編みでも問題ないが、リリースする際になるべくヒレを傷つけたくないので、リリースネットをお勧めする。

ネットの使い方も説明しておくが、手に持つのは魚の動きが落ち着いてからである。早く持ちすぎて魚を追いかけ回すと取り込み失敗につながるので注意しなければならない。すくう瞬間はロッドティップが起きて弾力を失いやすく、ハリが外れやすい。あと数cmでポロッと外れた経験のある方も多いと思う。これはロッドのグリップを身

尺ヤマメをねらうならネットは必需品。内径が26cm以上あるものがよい。機能を考えるとストレートグリップが理想。写真は僕のオリジナル、ロッドと同じく漆塗のハンドメイドランディングネット

ロングティペットの扱い方

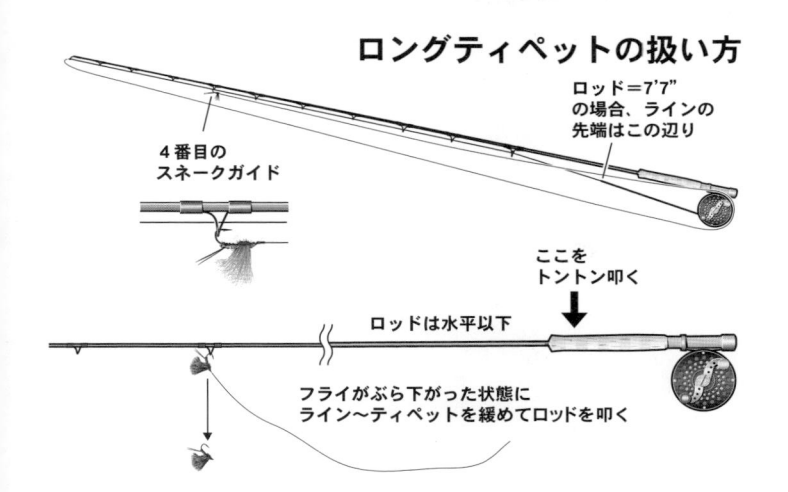

4番目の
スネークガイド

ロッド＝7'7"の場合、ラインの先端はこの辺り

ここをトントン叩く

ロッドは水平以下

フライがぶら下がった状態にライン〜ティペットを緩めてロッドを叩く

ランディングの体勢

この体勢はティップに負担がかかる

このようにロッドを裏返してグリップを身体から遠ざけることで、ロッドの角度を保ちながらランディングするのが望ましい

身体から腕を離す
（腕を開く感じ）

体から離した状態で取り込むことでかなり防ぐことができるし、ティップの保護にもつながる（下図）。

以上の基本のほかに、障害物周りでの一か八かのランディングも覚えておいたほうがよい。ヤマメのローリングの習性を生かしてわざとフッキングと同時にサオを高く立て、ローリングさせておいて、その隙にヤマメの位置まで走っていってすくい取るのである。何度も行なう間にコツがつかめるので、「ここで掛けても無理だ」などとは思わず挑んだほうが打開策も見つけることができる。ほかにファイトの方法などもセットであるので、後の尺ヤマメ対決の項で解説する。

背面はネットが暴れ防止にネットループとインナーポケット仕様を採用

僕がプロデュースしたティムコ（Fox Fire）のJ-Streamベスト。ベストに求められる基本的な機能に加え、トラブルのないロングティペットの釣りのために随所に工夫を施してある

襟内側に配置したピンオンリールスルーシステム・クリッパーカバー機能により、ピンオンリール本体の露出を避け、ティペット絡みのトラブルを防止

5　1投目に集中！

1　投目のもつ意味

渓流魚にかかわらず、魚はエサを見つける能力に長けているものである。ライズしているヤマメやイワナを、物陰などから近づいてじっくりと観察してみることをお勧めする。よく見るとエサとは思えないゴミでもくわえてみたりもするし、さまざまな大きさや種類も関係なく口にしているのが普通の状態である。これが単一種の大量流下になると一変する。その種のみを捜すだけになるのも普通である。こうなると本当に選択肢が狭まるが、ほとんどの場合は「食えそうなもの」を捜しているわけで、そうでさえあれば口にしてしまうのが魚の習性である。ヤマメは特にどう猛なのが普通の状態（流下する虫の動きや形、水面への接し方）まで選ぶようになる習性があり、かなりエサになってくる貪欲さも兼ね備えている。

以上のヤマメの習性を釣りに利用するためには、1投目こそ最大のチャンスといえる。フライそのものをエサではないと判断さ

れてしまうと、次は確率的に極端に低くなってしまう。最初の1投目に食える状態で流してあげるだけで、釣れてしまう大ヤマメも少なくはない。それをしくじることで釣りを難しくし、相手を擬人化して楽しんでいる部分もあるのだが、理想は1投であっさり釣ったほうが釣りの完成度が高いといえると思う。よくいわれていることだが、実際には不用意にこの1投目を行なっているのがかなり多く見受けられる気がする。

まずは足元。ポイントに対しての、足元がさつである場合が多い。移動はバシャバシャ歩いても差し支えないが、魚がいると思われるポイントに近づくなら慎重を期す必要がある。足元の小石1つにも気を使い、波を立てずゆっくりと歩を進めなければならない。ライズしているときなどはなおさらで、ロールする必要がある。どこまで近づけるかは経験でしか培えないが、慎重に下流から行けば8ヤード以内には入れる場合が多

い。これは本流域のフラットであっても、同じように近づける場合が多いようである。

次に気をつけなければいけないのがフォルスキャスト。フォルスキャストはしないで決めなければいけない動作でもある。目差すべきポイントに向かってのフォルスキャストは、ごく短くラインを出した状態のみであるが、これは面をずらさないで方向付けができるので効果的である。方向を変えてのフォルスキャストは最後に面が崩れやすいため、かなりロングストロークでの方向修正が必要となる。距離感はこちらのほうが計られるので楽である。どちらの場合でも共通するのは最小限のフォルスキャストに留めること。多くても2回のフォルスキャストで、3回目にはプレゼンテーションを行なったほうがよい。多すぎるフォルスキャストは魚を逃がす危険性が増すばかりである。

1投目は追い食いする可能性が高いということは、真っ直ぐレーンに乗せてあげてドラッグフリーなら、ほとんどガップリ食ってしまうのも想像できると思う。そのために一番よい流れの筋を見極める必要がある。そのことは前に説明したYパターンや障害

物周り、流れの筋であるのだが、そこでライズが起きるポイントを予測して流す必要がある。その可能性が高い流れを一流しで流しきれればよいのだが、現実には難しいことも多い。ドラグフリーで流せる距離の中にライズ想定ポイントを入れるのがよいと思う。出る予定のポイントの前後でドラグが掛かることは致命的なミスとなるし、その周辺を叩いてしまうのもアウトである。そうならない集中力が1投目に要求される。大きくショートなら問題ないが、オーバーしてラインが魚の頭上を通過するのもよくない。レーンが外れての横食いもフッキングミスを誘発するし、魚の頭上にフライが落ちてあわてて食わせるのもダメ。常に魚の食い方に気を配って釣るのが1投目を成功させるコツである。

失敗は誰でもするし、防げない場合も多い。それでも、少しでも次につなげようと思うか思わないかが後に大きな差となって表われてくるものである。

「すっぽ抜け」についても説明するが、一番多い原因の1つがフライ付近のティペットが伸びきっているためだと考えている。伸びきっていると口の奥に吸い込まれないため、どうしても抜ける場合が多い。これがダウン釣りですっぽ抜けが多い原因ではあるが、ティペットをたるませなくてすむため魚の出はよい。このジレンマは、アワセのタイミングとドリフトの精度に頼るしかないのが現状である。マイクロドラグでも同じ要因ですっぽ抜けの原因となり、まずは自分のティペット状態を知ることが大切だと思う。

タイミングを合わせる

バブルラインのプレゼンテーションについても、1投目のタイミングがあることを覚えておいたほうがよい。バブルも一定に筋になっていないのである。一筋にまとまったり、散らばったり、塊で流れてきたり、なくなったりを繰り返すのも普通である。1投目のキャストのタイミングは、バブルの塊がきた瞬間にその中心にフライを置いてあげるのが最良である。ティペットの存在もぼやけやすく、フライはエサとして認識しやすい瞬間であるといえる。ライズをじっくり見てみると、ほとんどがそのようなタイミングで起こるものだ。これは太めのティペットで白い結果が出ることがある。複数で釣っている場合も、先行者が釣りあげたフラットな流れを攻略するコツにもなるので、絶対に意識すべきである。

このように川の流れのタイミングが変化する以上、プレゼンテーションのタイミングもあらゆる場面で考えたほうがよい。とにかく魚本位で考え、水面が食べやすい状態になったときがそのタイミングだ。よくいわれる「食い波」もその原理で、乱れまくった水面でフラットになる瞬間である。ドライフライを浮かべることが難しそうな波立った水面も、じっくり見ていると多少穏やかになる瞬間があるのだ。これは定期的に現われるわけではなくランダムな場合が多く難しいが、タイミングが合うまで繰り返しトライできるのが普通である。荒れた水面は捕食物も見えにくくするが、ミスキャストも隠してくれる。

魚の多い渓流では、よい魚が出たところにすぐ新しい魚が入ってくる場合も多い。とくにイワナの川に多い現象ではあるが、プールの流れ込みなどではヤマメもそのような場合がある。よいポイントというのは順番待ちのようになっていて、最初にいた魚が釣られるとすぐに待ち構えていた魚が入ってくるようである。従って、1尾釣った場所は必ずもう二度流したほうが、面白い結果が出ることがある。複数で釣っている場合も、先行者が釣りあげた場所でも必ず流したほうがよい。ただし、ほとんどの場合はサイズダウンするが、ポイントの復習にもなるので意義はあると思う。

7章
尺ヤマメ対決

サイトフィッシングに徹すること。
釣り人の内面では、尺ヤマメを見つけた瞬間から1対1の対決が始まっている。
それは相手をネットに無事収める最後の瞬間まで続くのだ。

1 サイトフィッシング

サイトに適した川

渓流域で尺を超える大ヤマメをねらう場合、可能性を最大限に高めるにはサイトフィッシングに徹するしかない。尺ヤマメはどこにでもいるものではないし、ローラー作戦（しらみつぶし）のような手段では効率が悪すぎる。それでは何より釣り人側のモチベーションが維持できない。尺ヤマメがいる場所にのみ集中し、いろいろな戦略を駆使して挑みたいと思うのは当然で、それを実際に実現できるのがサイトフィッシングというわけである。

サイトフィッシングは当然相手を確認してからねらうので、相手のサイズは慣れていなくても、谷自体も少し被っているくらいがちょうどよい。できれば特定の時間帯のみヤマメが見えるよりは、いつ行っても浮いているくらい申し分ないサイト向きの川ということになる。浮いて見える状態は夏がメインとなるため、尺ヤマメが相手をしてくれるのは、以上の理由からだと推測できる。そして、その

は1週間毎日通っても1回のチャンスも生まれないかもしれないし、1日に数回のチャンスを得る可能性もある。そのために可能な川と難しい川があるようで見極めが重要である。

どのような川がサイトに向いているかというと、流れが緩やかでプールが多く砂底の川が適しているといえる。簡単にいうと、川底が石ならイワナ、砂や小砂利ならヤマメ。砂底の大きなプールはほとんどの場合、尺ヤマメのプールになっている。これは源流部でも同じで、砂底の川にはヤマメがすみつく場合が多い。水深も浅いに越したことがなく、谷自体も少し被っているくらいがちょうどよい。できれば特定の時間帯のみヤマメが見えるよりは、いつ行っても浮いているくらい申し分ないサイト向きの川ということになる。浮いて見える状態は夏がメインとなるため、直射日光で水温の安

定感がなく、常には水面に出てこない。被っていると直射日光を防げるうえに葉や枝などからのテレストリアルの供給もあり、日中でも浮いている可能性は高くなる。

よく考えてみると、このテレストリアルがメインの川というのがキーポイントのようにも思える。水生昆虫が多い川はハッチに影響され、浮いているヤマメを発見する機会は少ない。砂底の水生昆虫に貧しい川でこそ、頻繁にヤマメが浮いているのを見かけるものである。おそらくこれは偶然ではなく、テレストリアルの流下パターンによるものともいえる。特定の時間帯に集中することなく、日中だらだらとアラカルトに流れてくるわけだから、ヤマメも水面近くにいざるを得ない。水底に沈んでいても何も流れてこないので、捕食は水面付近のみになってしまう。そのような川ではエサ釣りやルアーで釣られる危険性が少なくなる。それはフライにのみ有利に作用し、フライではC&Rがメインなので生き残る大ヤマメが出現するサイクルになるのである。2～3年も続けて同じ尺ヤマメが相手をしてくれるのは、以上の理由からだと推測できる。そして、その

ような川こそがサイトフィッシングで最高の川といえるのである。

見える・見えないは経験予測の精度の差

渓流で尺を超えるヤマメが数多く存在する川は少ない。しかし、東北の渓流ならかなりの小渓流ですら、必ず数尾の存在は確認できるものである。有名河川ではさらに可能性は高まるし、いない心配などする必要もない。とにかく可能性のある川でのヤマメ捜しから始めないと、答えは簡単で、いないところを見ているのである。1回見えてしまえば見えないのが不思議だし、見えない人は見えていないという質問をよく受ける。ヤマメが見えないという質問をよく受ける人を超人のように感じてしまう。これは視力の問題ではなく、経験からくる予測の精度によるもの。僕も裸眼では視力が0.8（両目）程度しかなく、矯正して0.8（両目）程度である。とにかくプレゼンテーションの項で説明した、可能性の高い流れの筋をメインに見ていくことと、小さな波紋（大ものの標準ライズ）を見逃さないことが重要である。これを鍛えるにはサオを持たずに、ウオッチングに徹してみる機

会をつくるとよい。サオを振り回さないと意外に近くまで寄れるし、さらに魚は発見しやすいものであるし、習性なども集中して観察できる。ただこれはシーズン中にやるとストレスが溜まるため、シーズンオフなどにキノコ採りがてら試してみると一石二鳥で楽しめると思う。水中を見るにはやはりコツもある。そのときの光線によって、見える角度は変わるものだ。光線の方向や角度によって、右岸がよいときもあれば左岸がよいときもある。この点からも、どちらからでも同じようにプレゼンテーションできる必要があるわけだ。それ以外では茂みの中からそっと真横に近づくのが、常に見やすい方法である。ただし、その場所からサオを振れる可能性は少なく、見るだけである場合が多い。一度ヤマメを確認できればコツをつかめば）通常釣りをする位置からでも何となく確認できる場合が案外出てきて、釣りを有利に展開していけるようになる。「そこにいる」と確信が持てれば、かなり見えづらい条件でも視認可能なことを理解できると思う。

水が濁っている状態でも、ヤマメに関してはかなりの確率で浮いているものであ

る。慣れが必要ではあるが、これこそがバブルラインが頼りとなる。尺ヤマメを釣るのにもっとも大きなチャンスなのが増水の前後の濁りはじめと澄み際に必死に見つける必要がある。尺ヤマメならではの濁りでも必死に見つける必要がある。チャンスということは、そこに尺ヤマメがいれば必ず浮いていると思い込んだほうが神眼も生まれるというものである。

また、見るためには、気持ちだけではなく絶対に必要なものとして偏光グラスも重要なアイテムである。これは安物と高性能なものとの差は非常に大きく、性能次第ではっきりと見え方は変わってしまう。しかし練習とは関係なくお金で解決できるので、可能な限り高性能な偏光グラスを購入することをお勧めする。僕がここ10年くらい愛用しているのは、サイトマスターである（P119写真）。ガラスレンズのため多少の重みはあるが、ゆがみもなく鮮明、かつ暗く感じない。僕が使用しているイーズグリーンとライトブラウンは、イブニング寸前まで何も違和感なく装着していられる。曇り気味の日はイーズグリーン、ピーカンの日はライトブラウンと使い分

118

水面下の魚を見つけるためには優れた偏光グラスが欠かせない

浮いてる魚を見つけるためには、捕食物がテレストリアルに偏っていることも重要な要素の1つ

けているが渓流域での釣りをメインと考えるなら最初のカラーはイーズグリーンが適していると思う。道具はテクニックとの併用が望まれるフライフィッシングの世界ではあるが、偏光グラスに関しては全く性能頼みである。それを素直に受け入れることも、腕の1つではなかろうか。

尺ヤマメと対決！
尺ヤマメを見つけることができたら、いよいよ対決となるわけだが、いきなりキャストしてはならない。まずは、じっくりと観察することが必要である。
ヤマメの警戒心を計ることから始め

る。流れの速さや水面の状態を確認し、ライズフォームの大胆さなどから、どのようなシステムで挑むべきかを考察する。水面がラフで速いほど太めのティペット&大きめのフライに出やすく、フッキングに至る可能性が高い尺ヤマメといえる。逆にスローでフラットな水面で、水面に顔を出さないようなライズを繰り返している場合は、細いティペット&ミッジサイズのフライを使用しないと相手にされない場合が普通である。意外なことにどちらに極端な場合が多く、状況によって判断できるものだ。どちらの場合も流下物を確認するのは重要である。なるべく食べているエサに近いパターンの中で、フッキングが楽で投げやすくドリフトさせやすいパターンを最初に選ばなければならない。ハッチの状態にも気を配ることはもちろんだが、ライズフォームからの推察でヤマメの状況を見渡すことも勝負を早くする。これらは、この後のフライローテーションにかかわることなので覚えておいてほしい。

フライとティペットのバランスは、6Xで#10〜16、7Xで#16〜22、8Xでは#20〜である。草木等が被っている場合は、ヤ

マメの状態やシチュエーション(掛けてから取れる状態か?)などを考慮して太さを選ぶことになる。この習性が、粘れば釣ることにつながる。決まったら、何度もいくつも目の確認は絶対行なうクセをつけたい。渓流域でのティペットの細さはもちろんじりやすさにおいても最大の可能性を限度と考えるが、お守り的な意味で9〜10Xに僕は携帯している。フライサイズも#24までではほぼ勝負するが、もしものために#28くらいまでのフライは携帯している。これは数年に一度使うかどうかであるのだが、ないといつも必要な気分になるものである。これが「お守り」の意味である。

サイトフィッシングは魚の動きや、自分のプレゼンテーションなどが見て取れるため、何がよかったか(悪かったか)などが分かりやすい。反省材料を得やすいこともある。自分が自然の一部になることが上達の糧となる。この釣りを繰り返すことによって、ブラインドの釣りでも想像を膨らませることができるようになるし、自分の釣りへの不安も少なくなるはずである。自分の釣りが正しいのかどうかをヤマメが教えてくれるのが、サイトフィッシングである。

さて、これからが勝負となるわけだが、浮いているヤマメはすぐに逃げてしまう

ことが多い反面、数分後には戻ってくることが珍しくない。この習性が、粘れば釣れることにつながる。最初の1投目はもちろん最大のチャンスではあるが、最大の可能性を持つ。何回かやっているうちに上手くドリフトできたり、その時点では遅かったもしれないが、そうではない場合が多い。尺ヤマメは滅多に見つけることができないのだから簡単にあきらめてはいけない。僕の感覚には、80%以上が10分以内に同じ場所に戻ってきてライズすると思っている。それを可能にするためには、逃げた後に数回の練習キャストはしてもよいが、その後は何もせず動かないことが重要である。自らが自然の一部になることが重要神統一で、杭にでもなったつもりになると5m以内にまで普通にヤマメたちは近づいてくる。そこで平然とライズを始めたら、最小限の動作でキャストを行ない一発でねらう。これを繰り返しているうちに、戦略が大きく外れていなければフライを食ってくれるものである。これこそがサイトフィッシングの極意なので、機会を作ってぜひ挑戦していただきたい。

2 フライのローテーション術

捕食物が分かっている場合・未確認の場合

尺ヤマメを見つけてサイトフィッシングに突入して粘るのはよいが、フライローテーションを身につけないと、時間がかかるほどに可能性が低くなるのが普通である。時間をかけて粘っても、可能性を減らさないためのフライローテーションが必要なのである。

まず1投目だが、状況を把握した中で最良と思えるパターンを選ぶのはもちろんだが、さらにその中でもフッキングとホールド力、投射性を考慮したパターンを使う。これはすべて1投目で釣りあげるためである。本来しくじらなければ可能性が最も高いし、ねらうのは当然ともいえる。

しかし、運よくそれで釣れれば何も問題はないのだが、神様でもない限り失敗もある。そうなったとき、次に結ぶフライとして考えるのがシルエットの違うパターンである。最初にパラシュート系を使ったら、次はダウンウイング系といった感じである。逆のパターンもあるし、スペントやぶら下がりタイプなど、とにかくシルエットと浮き方を変えていく。そうすることと同じ虫を模したフライでも3〜4回は同サイズのチャンスを作れる。そのために1つのパターンでも、同サイズの数種類のパターンがあると釣りを有利に展開できるのである。自分が行く川での重要流下種は相当な種類とサイズを用意することが、サイトフィッシングの継続にかかわってくる。

このローテーションはあくまでも捕食物がある程度分かっている場合で、1投目にレーンに乗ったフライが全く無視されたときには当てはまらないのが当然である。その場合には全く違う種類のパターンを使うことになる。テレストリアルを無視されたら、カディスを疑うのがよいと思う。カディスはカゲロウがいない時期にも常にハッチしているし、サイズや形態など

のバリエーションも豊富である。フライをCDCカディスにすると、あらゆる「羽物」（蚊、蛾、蝶など）にも対応できるので心強い。マイクロカディス（#18〜24）は、フラットの静かなライズにも対応する必携フライである。半沈み系がダメなときの正反対パターンとして、シーズンを通して使用できる。逆にこのフライを真っ先に結ぶも戦略として効果的なことは間違いない。水面直下を最初に疑うことが多いのは僕自身もそうであるが、皆が同じように考え使い出したら、こちらから使うほうが正解に近づくかもしれない。常に魚の数や質も考えないと、楽な釣りはできないのが現状でもある。

テレストリアルがパスされたら、カディスを疑ってみるのも手だ

「見えない流下」の代表的状態、スペントスピナー

サイトでねらう尺ヤマメは、どちらかといえば、フラットな水面で小さなフライをメインに使うことが多い。魚が浮いているのは捕食対象が水面のエサに傾いていることを示し、さらに危険を省みず浮きっぱなしであるということは、数を食わないと間に合わない程度の虫の小ささであるといえる（増水時は別）。よほど目立つ虫でも流れていない限り、選ぶのは#18以下のぶら下がりテレストリアルである。アントでもビートルでもかまわないが、それらが最初に結ぶフライである。

次に見えない流下の危険性があるのは、スペントパターンである。コカゲロウのスピナー、フライングアントなどの流下は見えにくく、気がつかないと釣れにくい典型的な要素といえる。このように難しく使いにくいものでも、フッキングしやすく投げやすいパターンを持つことがこの釣りの成功につながると思う。フラットな水面でもブッシュの下や枯れ木の間など取り込みが難しい場所では、細いティペットや小さいフライも使いにくい。そこで効力を発揮するのはスパイダーパラシュートとブラックスペントである。これらのフライは6Xティペットが使えるので、強引なやり取

3 アワセ〜やりとり〜取り込み

りが可能となる。フライ選択は時代の流行もあり、絶対ではない。魚の裏をかくのはもちろんであるが、釣り人の裏をかくことも考えないといけない。

尺ヤマメのアワセは、いまだ悩まされるのは、釣れる尺ヤマメの10〜15％ではないだろうか。この事実を考えると、実に85％以上どこかがおかしくてもフッキングに至れるということになる。それがアワセのタイミングや方向などの、技によるフッキングである。

このようにいってしまうと難しい話のように感じるかもしれないが、実際は誰もがかなり近い状態でのアワセは行なえていると思う。要はヤマメの出方に対応するだけで、ほぼその状態の理想のアワセになるのである。すばやくバシャー！と出てきた瞬間的に合わせないといけないが、ゆっくりとフライに近づきゆっくり食べたらゆっくり合わせればよい。しかし、いうのは簡単だが、実際にはそのように腕が動いてくれない。これは精神状態が深く関与し

ある可能性は低い。それらがすべて揃うくらい臨機応変にする必要がある。ドラッグフリーでフライ先行・やや弛みのある状態でレーンに真っ直ぐ乗り、そこで思いどおりにバックリと出てきた尺ヤマメなら、よほどタイミングが早いか遅いかがない限り、フライは喉の奥まで飲み込まれるのが普通である。本当に食べたいレーンで、食べたいフライが自然に流れてくればヤマメの捕食能力は全開で発揮される。飲み込むのは一瞬で、口の外にはずすのは至難の業である。理想はこの瞬間にアワセり、毎回そのようにそれほど悩む必要もない。しかし、そうはいかないのが生き物相手なのだ。大概は100点満点のドリフトにはならない。思った場所から外れて出てくる。フライもバッチリで

ロングティペットのアワセ

ここで魚にテンションが掛かった状態

さらにロッドの硬い部分に乗せてあげるイメージでフォローを加える

メキにこそ、この釣り最大の魅力がある。また話がそれてしまったが、合わせる方向についてもそれでもよい。キャストする前から決めておいたほうがよい。フッキングだけを考えるなら、少しでも下流側に合わせたいが、走らせていけない方向なども考慮しなければならない。このとき、下流側へのアワセは早めでよいが、上流方向へのアワセはワンテンポ遅らせる必要がある。時間にすれば1〜2秒だと思うが、これが意外に待てない。ダウン方向へのドリフトで出た場合のアワセの難しさは、この部分にもある。とにかく口が開いた方向に合わせなくてはいけないときは、ゆっくりのアワセが基本であることを覚えておきたい。フライが小さいときなどもさらに遅くしないといけない。ダウンとの組み合わせが基本で、大ヤマメ相手に数多くの練習ができないのが難点で、意識してやってあげることは天命を待つのみである。
〜3秒だとは思うが、「緊張した腕には永遠のときを待つくらいの長さに感じるもの」である。大ヤマメ相手に数多くの練習ができないのが難点で、意識してやってあげることは天命を待つのみである。

ロングティペットでのアワセは、ティペットの弛みが問題になる。複雑な流れをクリアするためのたるみだが、合わせたときにはしていて、不意をつかれたりするとほとんど逆の行動になってしまうから不思議である。常にリラックスしつつ、いつ出てもよいような状態で待つ心構えが重要なのだ。ただ、見えている大ヤマメ相手に冷静でいられるくらいなら、この釣りを面白いとは思えないかもしれない。手が震え、アイにティペットも通らず、バックの障害物に引っ掛け、嫌な汗まで垂らしつつ挑む対戦こそは至福の瞬間である。それを克服した先には、さらに全身に震えがくるほどの感動の出会いが待っている。好きな女の子への告白よりもさらに強烈な緊張とトキ

かりテンションが掛かる状態を考慮する必要がある。これはロッドの全長はもちろん、腕の長さなど身体差でも異なる。それぞれがいっぱいいっぱいに腕をのけぞらせた際にフッキングできるくらいが、ギリギリの弛ませ加減である。実際にはドリフトに集中すれば魚は出ないでフッキングできず、アワセに集中すればドラッグが掛かり魚は出ず、とることが多いようである。このバランスを取るには加減しかない。システム変更はなるべくしないのが基本である。ロングティペット派の多くが場所によるロッド変更をしないのはこの部分にもよるし、ターンオーバーの具合など感覚に頼る微妙な調整をしやすいためでもある。いつもシステムを変えていては毎回擦り合わせが難しく、その間に大ものを逃してしまうかもしれない。どこでも尺ヤマメとの対戦があるかわからない以上、油断は禁物なのである。

アワセ方は、初動は早くサオ先が曲がるまでスムーズに引っぱり、そこからさらに乗せてあげるためのフォロースルーがあれば完璧である（上図）。これが可能になるのも、今の自分がどの程度の弛みのティペットで釣っているか理解していてこその話である。

123

ローリング対策

ロッドティップはこれくらいの高さでファイトするとローリングをやりすごすことができる

ロッドエンドを下げ、かつロッドは起こす

水面すれすれまで下げてもよい

ランディング

身体から腕を開く感じで離す

尺ヤマメを運よくフッキングできたら、今度はやりとりが問題となる。ハリが外れる大きな要因となるローリングをなるべくさせないようなロッドさばきが必要となる。特に水面でのローリングはティペットのテンションを失わせるため、バーブレスフックなどは簡単に外されてしまう。これを防ぐには、フッキング後すぐにロッドティップを水面近くに下げ、ロッドを寝かせた状態でファイトするのがよいと思う（以下、上図）。ローリングをやめたらロッドは立てるのだが、なるべくいきなり水面まで浮かせないように体勢を低くし、リールの位置を下げてファイトすることにより、水の抵抗すべてをヤマメに掛けることができる。ローリングの後は下流方向に疾走することが多く、ライン回収の準備を怠ってはならない。足元をすり抜けるように目にも止まらぬ速さで下るので、ラインがたるむのを阻止するのは至難の業である。この瞬間もテンションが失

われるため、バラシにつながりやすい。しっかりと大きくすばやく、ラインを回収しなければならない。

ここまで我慢できたら、あとは障害物を避けてランディングの瞬間を迎える。それでも気が抜けないのが尺ヤマメの面白いところ？で、足の間を抜けようと必死の抵抗を見せることも少なくない。横たわった瞬間が、ランディングのタイミングである。早々と自分の周りをグルグル回ったり必死にして水面におとなしく寄せるのがよい。ネットを使い、一瞬で頭からすくい取るのもよい。ネットを用意して、追いかけ回すのはバラす危険性が高い。取り込みの瞬間はティップが立つため、テンションが高くなりがちで口切れや刺さりきっていないハリが弾ける心配があるが、ロッド操作で防ぐことができる。ヤマメが近づいたら、肘を身体から離すことが重要である。最終的にはロッドをひっくり返した状態で、バット部分に乗せるイメージで寄せてすくうのである（上図）。これはティップの保護にもつながるし、竹ザオ使用者にとっては必須課題でもある。

先にも説明したが、どうしても引き出せないようなブッシュや枯れ枝な

どのスポットは、ヤマメの性質を利用したやりとりでバラしやすい動作でもあるが、ヤマメに走られても完全にアウトなのでフッキングした瞬間にサオを高く掲げて、ローリングを繰り返させる。長ければローリングは5秒以上続くため、その間にラインを回収しながらヤマメに走っていき、すくい取ってしまうのである。ウエーディングできる場所であることが条件となるが、これも意図どおりに決まれば快感である。どのような場所にいる尺ヤマメでも、フッキングできれば可能性はある。滝や堰堤の上からでも一か八か掛け、サオを枝に引っ掛けてすぐいに降りたこともある。きれいにランディングすることに意味があると思う。後日にねらったフックを残すと、意味があると思う。導くことに意味があると思う。ただし、切られてしまう可能性は低くなることも考えなければならない。飲まれた場合などは死に至る可能性も少しはあるため、切られる可能性なるべく回避したいが、それが100％でない限り釣ろうと頑張ってみるのは釣り人の性でもある。

4 風の対処

風の日でもティペットの落とすべき形は一定

魚を得るためには、強い風にも対応できる（P126図）。これは向かい風でも追い風で響される部分が少なくなるため有利となるようになっていくのが上達の過程である。しかし、実際に失敗が許されない状況での風は致命的な自然現象であることが多い。上級者はやせ我慢で「風なんか気にしない」というかもしれないが、実際は上級者ほど気になっているのである。ましてや尺ヤマメがライズしている際の風が気にならないわけがない。キャストも未熟なビギナーの場合、釣りそのものが成立しないことも多いだろう。
これも経験でしか克服できないといってしまえばそれまでであるが、ある程度の目標は設定したほうが上達は早い気がする。
まずは速くて広いループでのキャストである。この方法はベルジャンキャストに近くなり、面を大きくズラしていながらラインスピードを上げる必要がある。そしてラインの角度は前に大きく傾いているほうが、風に影

も、同じく必要なキャストである。実際は向かい風よりも強烈な追い風が難しい。さらに利き腕側からの風が加わると最悪である。ループがサオに絡むし、ティペット＆フライは伸びきって着水してドラグが掛かる。大もののような場合も、立ち位置のサイドチェンジで半分は負担を軽減できる。もちろんそれが可能なのも、どこからでも流れの克服が可能なロングティペットだからこそである。

風にはそのときの状況でベストを尽くすしかないが、実際は思うようにはならないのが普通である。僕自身も強風の釣りは楽しい一日ではない。思いどおりのティペットコントロールができる日に、イメージのまま釣ることこそ理想ではある。しかし、風があるからといってメゲていては釣りができる日自体が少なくなってしまう。釣りにき

風を意識したキャスト

フォワードはロッドを起こして高い所から下に叩き下ろすイメージ

バックはサイド気味に上空へ

ターンオーバー位置を水面ぎりぎりにすることで影響を最小限にとどめる

た以上は、ベストを尽くすことが大事だと思う。そんな釣りを繰り返しているうちに、多少の風くらいはコントロールできるようになっていくものである。また風は上空ほど強く吹いているわけで、水面近くが多少弱いのは想像できる。それならサイドキャストの水面スレスレでと思うが、なにせ力強いキャストが難しいしポイントに真っ直ぐ伸びる状態は作りにくい。従って水面近くまで伸びるハイスピードラインが有効となり、叩きつけるようなプレゼンテーションが有利なのだ。10cmほど水面位置を高く想定して叩くイメージでちょうどよいかもしれない。ティペット部分のみ水面に刺さって、フライの推進力がゼロになった瞬間に着水というのが理想であるが、風も強弱があるので精度が落ちるのは当然である。

風の日であっても、ティペットを落とすべき形は決まっている。それが追い風だろうが、利き腕方向からの風であろうが、流れが求めてくるドリフトの許容範囲は決まっているのである。それ以外の形で落ちればドラッグがすぐ掛かるし、大ヤマメを誘い出すような釣りも成立しない。それでも投げやすいようにキャストしてはいけないのが尺ヤマメねらいの釣り。自分が想像できる最善の形でプレゼンテーションするべく、スピードを上げたり角度を変えたりしてねらうのである。立ち位置で調整できるならよいし、それも無理なら力ずくでも叩き込む。向かい風で立ち込んでのプレゼンテーションなどは、ティップが水面を叩きながらの釣りになったりする。これも、いくら力を入れてもブレないキャスト力が必要になる。釣り場も条件も常に変化する以上、釣り人側のキャスト能力にも臨機応変が求められるのである。ロングティペットでは さらなる精度も求められることになる。

5　1日の釣りのリズム、心がけ

出会いや発見は自分で捜そう

いくら尺ヤマメを釣るのが目的とはいっても、いきなりの対決で一発で決められるといっても「やらかす」のがおちである。僕も今でこそ真っ直ぐ尺ヤマメポイントに向かうが、以前はそのようにはしていなかった。一発で決める自信がなかったからである。そのため瀬続きの場所で肩慣らしをして、その日のコンディションを確認し、調整しながら尺ヤマメとの対決に備えた。このことはかなり重要で、その日のキャスト状態を知ることは、いざというときの一発勝負で生かされる。フッキン

126

グのリズムも、小さくても大事に数尾釣れていれば、ほどよいモチベーションを維持できる。とにかく焦るとろくなことはない。急がば回れ、ではないが、システムもそうだが気持ちの持っていき方が重要なのである。

いつもの川でねらっているヤマメを釣りに行くのと、遠征でたまの休みに釣りに行くのでは楽しみ方が違うと思う。どちらの場合でも、最終的には尺ヤマメを釣りたいわけであるが、前者は尺ヤマメのみを釣りたい、後者は一日の釣りを楽しんだ先の尺ヤマメが欲しい。意外にも確率はそれほど変わるものではなく、遠征時の尺ヤマメのそれもかなりある。これは、滅多に来られない川での丁寧な釣りの組み立てがその可能性を高めるのである。逆に近くの川にいつもの対戦をしに行くのは、その部分に集中しすぎて新しいヤマメとの出会いをなくしている場合も多く、難しいものである。

苦労して自分で捜した1尾との出会いは格別

やはり釣りは常に発見や出会いがあるから面白く、すべてを把握できた気持ちには至れないのである。僕も尺ヤマメが釣れても、それはたまたまであって、自分の腕がよかったなどと思うことはまずない。謙遜でもやみでもなく、正直な気持ちであでもやみでもなく、正直な気持ちである。常にねらった釣りを展開しているが、その1投で尺ヤマメが釣れる形に上手くいったことや、それに対して食いにきてくれたこと、アワセがうまくいってバレずにランディングできたことなど、すべてが運よく揃って手中に収めることができているのである。

尺ヤマメの魅力がゆえに、釣り人同士のトラブルの話もよく聞く。釣り場にまつわる話や、行く日時の偽りなどは日常茶飯事、釣り場に対して釣り人が多い関東圏ではかなり多い話である。以前から、「ヤマメは人間関係を壊す」などと冗談をいっていたのだが、現実問題として普通に起きているようである。これはいかにも寂しくはないか。確かに尺ヤマメの自慢はしたい、釣り場は教えたくないのジレン

マは分かるが、嘘をついたり、「内緒」の情報を他人に漏らしたら、人間関係はおかしくなる。どんな人でも、嫌な気分になるためにフライフィッシングをやっているのではないはずだ。釣り場の性質上の問題もあるので、釣り場公開は考える必要があるが、お互い考慮すべき事案であると思う。自慢するくらいなら場所をいえとも思うし、友達でもないのに何で教えるの?となる。僕がこれまで見聞きしてきたトラブルの原因で、一番多いのは安易に釣り場情報を聞こうとしてしまうこと。情報は、人によって重要度が全く違う。聞いた本人はそれほど自覚がなくても、教えた側にはとても大切な情報であることも少なくない。

どうせ釣るなら自分で見つけたヤマメを釣るのが楽しいし、満足感も違うと思う。釣り場は教えてくれないのが当たり前だし、いわない人を恨んではならない。そこは自分で捜す楽しみを残してくれているのだと思うくらいで、楽しい釣りができるのだと思う。それが身についた頃には、話の中での「あそこの川のあのポイントですね?」という感じになり、普通に釣り場を共有できる仲間になっていくと思う。

*8*章
季節で変化する釣り

尺ヤマメをねらう釣りにおいて、本当に重要なのは川を選んだあとの、時期と区間(ポイント)である。渓流域では、魚がどこにいるかだけでなく、それがいつなのか、が分からなければ話にならない。ここからは季節による変動をお伝えしたい。

1 春―解禁～雪代

地域差の大きな季節

3月の解禁は胸躍るシーズンスタートなのだが実際の川は冬枯れ状態のままである。関東以南の川は本流域で水生昆虫類のハッチによるライズの釣りができるが、東北や標高の高い場所では水温が2～5℃、気温も10℃以下が日中でも普通である。朝は氷点下に突入することも珍しくないし、天気が崩れるとまだ雪も降るのが3月である。それでも川を選べば楽しいライズの釣りがあるのも3月で、そのへんを見極めて釣りに望みたい。

東北について考えると、日本海側と太平洋側では大きな違いがある。太平洋側では雪も少なく、沿岸部にいたっては解禁当初から雪などないのが普通である。だからといって暖かいわけではない。暖かい日の日中くらいしかユスリカは出ず、釣りの条件は悪い。何か水温を上げてくれるような条件の補助が必要となる。

一方、意外に思えるかもしれないが、日本海側の雪深い内陸部では安定したライズの釣りができる。これは雪によって最低気温が抑えられ水温が低い状態で安定するため、ユスリカやクロカワゲラなどが連日ハッチを繰り返すのである。条件としては、傾斜が少なく浅い川であることが挙げられる。また、アシ原を温存するため魚影が多い可能性が高く、浅瀬が続くようだとエサ釣りもしにくいのでなおよい。

ハッチは午前10時～午後3時にかけてだらだらとあることが多く、ライズの釣りとしてはかなり長い時間楽しむことができる。吹雪の日でも正午前後には少しライズが起こるし、暖かめの日は終日に近いくらいライズがある。しかし、ライズのイズを発見することが第一である。可能なら解禁前から下見に行き、ライズす

ヤマメとなるとどうしても可能性は低い。この時期の東北のヤマメはやせていてコンディションも悪く、大ものねらいの釣りは無理がある。それを考えれば、少しでも南に向かって本流域のライズをねらったほうがよいのかもしれない。

関東や九州などは近年よく行っているが、解禁当初からベストコンディションの尺ヤマメの可能性がある。これは厳寒期（1～3月）でもハッチがあることを意味し、通年エサを食べ続けているのである。それらの個体は、2歳の春で尺に絡むほどの成長を見せる。東北では考えられない環境ではあるが、そのような川は夏には釣りにならないようなこともあり、春が旬なのだ。尺ヤマメを春先に釣りたい方にはお勧めである。この時期のこれらの川の特徴は、コカゲロウのハッチに左右されることである。コカゲロウはどういうわけか荒れた天気を好み、低気圧が通過するときの冷たい雨やみぞれが降るときが最大のチャンスである。晴れるとハッチは短く、釣りが難しくなる。このような川で釣りを成立させるには、ライズを発見することが第一である。可能なら解禁前から下見に行き、ライズす

渓流解禁、といっても北日本それも日本海側では名のみの春。条件次第では面白い釣りが楽しめるが、やはり大ものねらいはまだ早い

ユスリカをはじめ、クロカワゲラ（写真上）、カゲロウ類も解禁当初は小型種のハッチが状況を左右する

るポイントを確認しておくと効率のよい釣りができる。

4月に近くなると、雪が降った山は雪代水を吐き出す。こうなるとドライフライはお手上げである。温かい雨の後、川は濁って増水し、水温は下がりゴミが舞いフライでの釣りは困難となる。それでも晴れが続けば川は透明感を取り戻してくまうのがあるとあっという間に終わってしては15分〜1時間しかなく、トラブルまでも可能性が生まれる。それでも時間としても4月中旬までに急激にアップし、年越しの尺ヤマメ

雪が少ない太平洋側の川は、4月は一時的なピークを迎えることになる。気温が一気に上がると雪代の影響を受けないので水温も一気に上昇する。コカゲロウ、ガガンボ、カディス、カワゲラがいっせいにハッチを始め、年越しの尺ヤマメが釣れる最初のチャンスとなる。こちらでもナミヒラタとマエグロはハッチするので、お昼前後は絶対に川から離れてはいけない。関東の川などもオオクママダラカゲロウやエルモンヒラタカゲロウなどの大型水生昆虫がハッチを迎えるため、最盛期に突入する。この時期のライズは真っ昼間を中心に起こることが多く、昼食は必ず携帯する必要がある。ハッチは一瞬のことが少なくないため、やはりライズの釣りは川から離れないのが絶対条件である。車が川から近くても油断しないような心がけが、大ものと出会えるかどうかにかかってくるのがこの時期の釣りでもある。

（東北の場合）の一瞬である。

るので、短時間のチャンスが生まれることになる。雪代は気温が最高点に達するあたりから後にピークを迎えるため、午前中の10〜12時あたりが水温のピークとなる。そこでカワゲラ類やカディス、ナミヒラタカゲロウ、マエグロヒメフタオカゲロウなどがハッチする。マエグロのハッチは強烈で、この時期では考えられないくらいエキサイティングな釣りができる。釣れる魚のサ

2 初夏―雪代明け～梅雨

大型メイフライ&テレストリアル

ここからは東北を中心にした話のみとさせていただく。なぜかというと、ここから先の時期が東北での尺ヤマメ確率が最も高い時期であり、僕も遠征の機会が少なくなり、ほかの地域の状況を体験できないので割愛させていただく。

5月に入り雨が降らない日が3日も続くと、水量もジワリと下がり透明度が増し、東北でもオオクママダラカゲロウのハッチが始まる。これを合図にいっせいにライズが起きる。これこそドライフライ天国で、この釣りをしていて本当によかったと感じる時期でもある。オオクマは気温が上がってからのハッチ&スピナーフォール同時にくる場合が多く、秋田、山形の渓流では複合的な流下になる。同じ東北でも岩手などではスピナーフォールのイメージは薄く、ダンがハッチする記憶のみで当然フライパターンにも差が出てくるのも面白い。太平洋側ではオオクマスピナーが夕方から早朝にフォールしているのかもしれない。僕の釣り時間は朝9時～夕方5時半までであることが多く、見ていない虫の形態がその間以外の時間帯にあることも想像される。雪代の関係などが複合的に作用して、違いにつながっているのかもしれない。ダンパターン以外のフライ選択を考えた場合、日本海側ではスピナー、太平洋側ではイマージャー（フローティングニンフ）と覚えておくといいと思う。

この時期を過ぎると、一気に気温が上昇してしばしの盛期に突入する。深い山岳渓流でもドライに反応してくるし、テレストリアルも活発でそれらのフライも効果的になる。特にマメコガネ類が大量に発生するのもこの時期で、ピーコックパラシュートが威力を発揮する。これは水面直下を流下するため、カーブシャンクに巻いた部分の多いパターン（P132写真）が有効である。また「羽物」も常に川面を這うため、CDCソラックスやカディスは常用パターンになる。

梅雨前最大のイベントといえるのが、オオマダラカゲロウである。大型のカゲロウだけに、釣りのインパクトは大きい。お昼前後にハッチし、短時間ではあるが大ものを引き出せるチャンスである。オレンジ色のボテッとしたボディーが印象的で、ハッチの始まりを見逃す危険性は少ない。ライズもすぐに始まるが、個体数が少ない場合は頻度が落ちるので見られない可能性もある。それでもオオマダラが確認できたら、まず大きめのダンパターンを使用してみることをお勧めする。反応が悪いときは、僕の場合クリップル#10を信頼して使っている。

オオマダラのハッチは山岳渓流のイワナたちにも偏食を起こさせるくらいのイベントのようである。このときにはテレストリアル系のフライではさすがに分が悪くなる。本流域でも、最初のピークはオオマダラによってもたらされる場合が多く、この時期の重要種といえる。

同じくらいかそれ以上に存在感のあるモンカゲロウについては、東北の渓流で意

5月に入って渓が減水してくると中〜大型のマダラカゲロウのハッチが近い

梅雨時の釣りにはレインウエアが必須。ベストの上から着用するので余裕のあるサイズを選ぼう

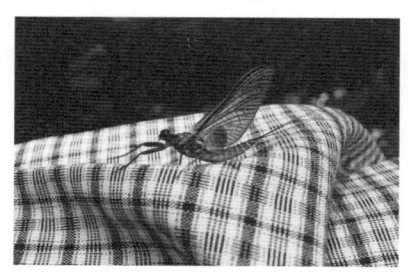

オオクママダラカゲロウ（ストマック。上）、オオマダラカゲロウ（下）のハッチとその釣りは、初夏〜梅雨時の渓流の一大イベントだ

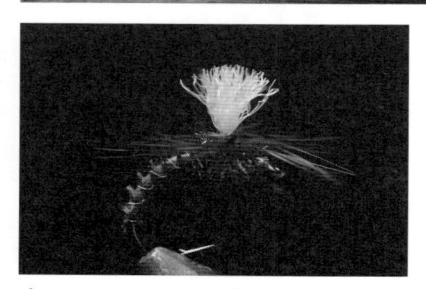

ピーコックパラシュートはこの時期外せないフライパターンの1つ

虫をメインに説明したが、釣り味として最大に魅力を感じるのもこの時期だと思う。一気に新緑が満開になり、たっぷりの清らかな水が川幅一杯に流れる。魚たちの活性も最高潮となり、すべての魚がフライに反応してくれるのでは？と思えるほど楽しい釣りができるのだ。魚たちのコンディションも雪代前と後では見違えるように変化がある。この時期のオオクマが冬枯れた魚体を復活させ、オオマダラが成長を加速させてくれているような気がする。夏に釣りにならないような小河川でも、豊富な水量のおかげで楽しい釣りができるので、この時期専用の川も捜しておくと保険になる。

長い雪代はすべての警戒心を解き、その後の水生昆虫の大量流下で魚たちが狂ったようにエサをむさぼる。これはフライに限っての話であるが、その前後にはエ

識した経験はない。何度かスーパーハッチ＆ライズを見たのは、堰堤上の大プールのみである。ただ、そのような場所にも尺ヤマメはいるので、お守りのために数本のダンとフローティングニンフくらいは持っていたほうがいいと思う。

サ釣りやルアーでの爆発的なピークもあるが、水面への反応は5月をピークとして下がるが、6月中も朝や夕方まで期待が膨らむため、東北へ遠征する方にとっては最高の時期を迎える。5月は15日以降でも条件や雪の量に左右されやすく、見極めることができる地元組に有利な時期でもある。天気が悪いと全くダメなのもこの時期の特徴で、山頂に残った雪が溶け出し雪代をぶり返すことになる。温かい雨はさらにこの状況を悪化させる。これが6月に入るとこの状況は当てはまらなくなるので、前記の状況は標高が高い地域を除いて中小河川では安定した釣りが可能となるのである。このような自然の摂理を上手に利用しながら、楽しい釣りにしていきたいものである。

尺ヤマメを呼ぶ梅雨

梅雨の時期はコンディションが整った尺ヤマメをねらえる最初のチャンスである。東北でも2歳魚で尺を越えるヤマメも釣れ始め、本流域の釣りも最盛期を迎える。東北の梅雨は、はじまりの頃は雨の日も少なくなり川も安定している。6月中旬以降のため水生昆虫類は減ってしまうが、テレス

トリアルが爆発的に流下する時期になる。甲虫類をはじめ、特にアントが多彩で大量に出てくる。7月に入ってからの夕立の後時のレインギアをベストの上にするか下にするか?これはベストは上から被るのが厄介なのでレインギアは上から被るのが基本である。当然それでも余裕があるらいのサイズがないと前を閉じることができないので無意味になってしまう。サイズには注意したい。僕でも3Lを使用しているので、この点はメーカーももっと考慮してほしい。ベストの上に着ることを意識したデザインが望まれるが、現状を考えると既存の市販品から使用時の条件を考慮して選ぶしかなさそうである。

が、コンパクトで通気性のあるレインウエアを利用するとよい(P132写真)。雨天時のレインギアをベストの上にするか下にするか?これはベストは上から被るのが厄介なのでレインギアは上から被るのが基本である。などはフライングアントがごっそりと流下する。時間帯は午後4時〜7時であることが多く、そのようなタイミングでの小さなライズは真っ先に疑ったほうがよい。

フライングアントは、上流域では時間帯を選ばず大量流下することも多い。6月末〜7月のライズでは、パイロットフライにこのパターンを使うことも普通である。釣りのタイミングは晴れ続きよりも雨の前後が最高のチャンスである。雨具がうっとうしい気温ではあるけない。雨を嫌ってはいけない。

3 盛夏―梅雨明け〜渇水

カギは増水

東北の梅雨明けは遅く、8月にずれ込むことはしばしばである。梅雨が明けたからといって特によい条件があるわけではなく、暑いだけである。数日もすると気温は30℃以上が普通となり、水温も20℃前まで悩ませられるが、日中は比較的活性

後に上がってしまう。こうなると開けた川は難しくなってしまう。ねらいは少し被った感じの上流域になるが、アブも一気にハッチしてくるため落ち着いた釣りなどは望めない。アブには梅雨明けから8月いっぱい

真夏の降雨は尺ヤマメを活性化させる可能性が高い。増水の前後は要注意。そして徒渉の判断も慎重に

が低いようである。朝夕は数百〜数千匹のアブに取り囲まれることもあり、危険なので避けたほうがよいと思う。これは日本海側が中心で、奥羽山脈あたりまでがメジロアブの生息範囲である。これを避けるには太平洋沿岸か北上高地界隈で釣ることで、この種のアブは少ないようである。ただアブの川は人が少ないこともあり、意外に魚の活性は高くよい釣りができる。アブは日中、足元にまとわりつくが、数が増えると顔にまで飛んでくる。魚の写真を撮るときが要注意で、しゃがんだ瞬間に一斉攻撃を受ける。この時期の写真は焦って撮るせいか、ほとんどよい写真にならないのでアブの話ばかりしてしまったが、釣り自体も渇水と高水温、お盆休みの釣り人のプレッシャーなど厳しい条件が重なる。しかしひとたび雨が降るとこれが一変する。

4 秋―荒食いの大もの

荒食いが起きるメカニズム

秋は大ものが荒食いに入ると常にいわれているが、僕の中では9月5日くらいからスイッチが入る。まさにそのとおりである。早ければ8月の最終週くらいからスイッチとなっていて、その前後の時期は普通に尺ヤマメがいる区間を釣り上がるだけで釣れるのが恒例である。不思議なようだが実際にはメカニズムが存在し、それを読み取ることも可能である。この時期は朝夕の最低気温が一気に下がるため渇水にもかかわらず水温が下がりヤマメたちの活性を上げる。さらに気温低下は夏季昆虫の終焉をもたらし、それが重なるのである。ヤマメの体調が整ったところに、テレストリアルの大量流下がくるのだからほとんどの釣りに対して警戒心も薄れており、雪代明けのような状態であると考えられる。特に大ものほどその大量のエサを必要とするわけで、真っ先にそのタイミングで釣れる可能性が生まれる。

この時期、ヤマメたちはオスとメスでは

本来は産卵を控えて食いたい時期なのだから、増水による水温低下、酸素の供給、陸生昆虫の大量流下で狂ったようにライズを繰り返すこともある。この時期には渓流でも2歳魚で尺前後がかなり増えることもあり、尺ヤマメの可能性は高い。増水の前後をもっとも強調したいのが、この時期の釣りでもある。

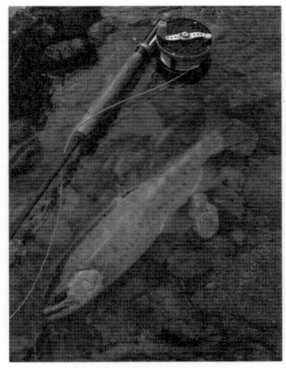

シーズン終盤の9月は尺ヤマメ釣りの重要月

居場所を変えて定位しているようである。オスは流心の速くてストレートなところによく付き、メスは緩やかなイワナのポイントのようなところにいることが多い。産卵に入るヤマメたちは移動する時期でもあるため、釣るチャンスができることも覚えておきたい。これは百戦錬磨で釣り人たちの攻撃をかわしてきたヤマメが、自分の居場所を離れることで隙が生まれるのである。いつもの場所なら、釣り人の立つ位置やその方向から怪しげなものが流れてくるのを認識しているのが、場所が変わったとたんに警戒心がリセットされるのである。あるプールで何度通っても釣ることができなかったヤマメが、秋にはその少し上の小さな瀬肩からあっさり釣れることは珍しくない。従ってこの時期は細かいポイントも丁寧に釣ることで可能性を広げることができる。泡溜まりの巻き返しなどは要注意である。

9月も半ばを過ぎるとカゲロウ類がふたたびハッチを始める。第2世代のコカゲロウ類が中心となり、フラットなプールのヒキで小さなライズが見られるようになる。ライズフォームは波紋が広がる程度の小さなものであるが、とてつもない大ヤマメだったりするので注意が必要。午前の早い時間帯はスピナー流下の可能性が高く、そこを意識したフライが有効である。それとは正反対に、流速のある流れでは大きなエサを待ち構えているもので、メリハリのある釣りを展開しなくてはならない。大きな甲虫類やトンボ、バッタなどが想像され、#10くらいのフライに限ってよい反応があるものである。

この時期には小河川からも尺ヤマメの話をよく聞く。これもよく考えてみると、春先のみと思い込んでいた川が、9月に復活していることが多いのである。いったん下がっていた日中の活性が気温低下で元に戻り、大きくなった魚体とあわせて楽しませてくれるのだ。有名河川で頑張るのもよいが、春先によかった記憶を辿って大ものを捜すのも楽しみな時期である。アブが多くて有名な川も、ここで最大のチャンスとなる。山形、新潟の内陸部などはねらいめである。

10月が近づくにつれ、魚体は黒ずんでいく。最終的に真っ黒になったメスが釣れるとこの釣りのシーズン終了を感じる。秋のヤマメは、オスを釣りたい。開けた川のオスは黒くならずにオレンジが濃くなり、鼻が曲がりだす。個人的な意見だが秋のヤマメは、オレンジの強いオスが最上級である。

ちなみに2003〜2009年に釣れた尺ヤマメを月別に数えてみると、面白い結果になった。

3月 2尾
4月 4尾
5月 9尾
6月 6尾
7月 9尾
8月 18尾
9月 30尾

このことを考えれば、いかにシーズン終盤が尺ヤマメねらいにとって重要なのかがわかると思う。ちなみに数では4〜6月が断然である。

9章
ステップとしての尺イワナ釣り

ヤマメ釣りに秀でたフライフィッシャーには、
イワナ釣りにも造詣が深いという不思議な共通項があるように思う。
神経質になったイワナを真剣にねらってみるといい。
その理由が自ずと納得できるはずだ。

1 イワナ釣りの面白さ

ヤマメとの違い、釣りの効能

 釣り自体のゲーム性は、イワナ釣りのほうが奥深いかもしれない。イワナというという魚の存在が釣り人の腕を上達させてくれている気がする。実際に有名無名を問わず、うなるくらいの腕前の主はイワナ類を真剣に釣っている方に多いように思う。
 これもまた理由があり、ヤマメでは得ることができない世界があるからである。
 イワナは活性さえ高ければ、いれば簡単に釣れる魚である。これはエサを捜しているような状況で、釣り人のプレッシャーが少ない場合である。ところが一旦神経質になると、ライズはあるのにフライは食わず、また逃げることもなくあきらめようとしたところでライズする。簡単に釣れるときとのギャップが、また憎らしく感じるものだ。さらに、こうなると全くお手上げかというとそうではなく、あれやこれや試しているうちに、ほとんど釣れること

136

に気がつくのである。答えを出すために試行錯誤を繰り返し、立ち位置を変えたり流し方を変えたり、いろいろなことをやっていくうちに出てくれるのが面白い。ヤマメはしくじったら終了の場合が多いのだが、イワナはハリが口にかすってすっても可能性が残ることが多い。これは単に釣りやすいと思っていては釣りの上達にはつながらない。この性質を理解しつつ、一発で決める釣りを試みたり、しくじった後の1投で修正したり、先行者の後から釣る術を身につけたりと、釣果を感じながら練習できるのである。

イワナの性質だが、まず泳ぎたくない魚である。エサを貪欲に追いかけることが少ない分、動かないようにしてエネルギーの消耗を防いでいる感がある。ヤマメは全く流れのないところで定位しているときにはエサを求めていないことが多く、釣れないのだが、イワナの場合は違う。流れなどほとんどなく、見るからに流下の雰囲気もない場所で平然とエサを待っているのがイワナなのである。増水時にはかろうじて流れが生じバブルラインができていたであろうところで、渇水で流れがなくなり浅くなっても、同じところでボ

ケッと待っているのが珍しくない。水深がくるぶしほどしかない浅場の緩いヒラキで、尺イワナが並んでエサを待っているのも性質上普通である。ほかには障害物の脇が好きで、岩盤のヘリや巻き返しは要注意ポイントである。特に巻き返しは、イワナねらいでは最重要ともいえるくらいの1級ポイントとなる。

イワナ釣り攻略は、1に巻き返し、2にヘリ、3にボサ下、4にヒラキである。ヤマメでは第1の流心がらみは二の次になるが、ヤマメでも難易度の高い1〜4のポイントを練習しつつ釣りができるのだから大きいのである。しかも、上手くいった場合は一発で出てくれるし、何度も失敗した後に上手くいってもそのときに出てくれる。フライに関しても同様で、合ったときにだけしっかりと反応してくれる。これこそ生きた「渓流釣り先生」なのである。この先生の導くとおりに練習している（させられている？）うちに、渓魚の性質や必要な知識とテクニックが身につくのである。冗談のように感じるかもしれないが、自分としては正直にそのように思っている。

季節の変化もヤマメのそれとは少し違うようである。まず春先は水面に興味を

もち始めるのが遅い。しかし雪代明けに水面への興味が始まると一変し、濁った状態でもドライに反応してくる。面白いものである。増水時もササニゴリはヤマメの活性が高いが、泥濁りに近くなるとイワナのほうがドライでよく釣れる。巻き返しのゴミ溜りの下に定位しているし、岩盤の上で背ビレが出るようなところにも定位しているものである。イワナは溺れるともいわれ、限度を越えた増水にはエサを食わなくなることも多く、気難しい面もある。要するに順応能力が弱いという面か、遅いようで、ヤマメ以上に急激な変化にはついていけない性質らしい。

また、真夏の渇水時期にもよく釣れ

堰堤の両脇は樹木等が張り出し、その下には反転流が発生していることが多い。いうまでもなくイワナが付きやすい流れの1つだ

る。その時期に釣りになる水温域では、イワナがメインの場合が多く楽しめる。真夏などは、朝夕にヤマメ区間を釣り、日中はイワナ釣りに上流へ向かうのも手段として考えたほうが効率はよいと思う。秋はヤマメほどの荒食いはなく、9月半ばには1週間ほど川から姿を消す。産卵にむけて体が変化し一時的に休むのではないかと勝手に推測しているが、東北では9月15日頃からそのようなことがあることも覚えておいたほうがよいと思う。知らないと川がダメになったと思われるかもしれないが、実際は心配無用である。ヤマメのように産卵で死んでしまうことは少なく、時期をつかめれば、間違いなくイワナの反応は限りないほどあるはずである。青森、岩手、宮城、山形も負けず劣らずの川がたくさんある。もちろん東北だけでなく中部地方、山陰地方にも多数のイワナ類が生息する河川があるし、それぞれで面白い釣りができるはずである。

2 流れの克服練習

イワナはレーンの審判者

イワナは前記したような性格のため、その流れを克服できたかどうかのジャッジを下してくれる魚でもある。ライズがあるような活性が高い場合は別だが、厳しい状況では本当に食べたいレーンを選ぶ。少しでも外れていればUターンは当たり前だし、ドラッグが掛かっていたら全く無視である。どのようなコースを、どのように流してあげれば反応するのかを教えてくれる魚なのだ。しかも、自分の真上に

こないと反応しないため、ポイントの判断能力も試されるのはいうまでもない。

このような練習をするためには、魚の絶対数が多い川で釣る必要がある。しかも、ある程度の規模があり、水量が豊富で開けていることが重要である。かなり高いハードルのように感じるかもしれないが、東北の雪代明けの川はおおむねそのような条件になっているものである。秋田県でも生保内川、子吉川、成瀬川上流、役内川上流、先達川、玉川、早口川、藤琴

川、萩形沢、岩見川水系など、ほかにも挙げきれないほどのイワナ有名河川が目白押しである。これらの川は雪代の終了時期をつかめれば、間違いなくイワナの反応は限りないほどあるはずである。ため、禁漁前ではそれも関係ない。

自分だけの釣りで疑心暗鬼に陥る前に、ショップや雑誌情報などから信頼できるものを頼りに通ってみることも近道かもしれない。ガイドなどを利用するのは最高の近道である。本州でガイドをしているほどの釣り人なら腕は相当なものだし、まず魚の心配をしなくてもよくなる。釣りに集中できるうえに、釣り方までレクチャーしてくれるのだからありがたい。料金も日本人の日当を考えれば妥当な範囲である場合が多く、時間の浪費を考えると数回は利用する価値が充分あると思う。1年に1回の遠征なら、なおさらガイドを利用するのがよいと思う。本当のその川の価値は、よい時期のよい時間帯に釣らないと分からないものである。そ

巻き返し・際・ブッシュ、3拍子揃ったポイントにフライを流し込む

3　仲間との釣り

のようなところに真っ直ぐ連れて行ってくれるのだから、これほど効率的なことはない。そこで、こうすれば釣れる、こんなところにもイワナはいるなど、さまざまなことを実感できるだけで釣りの世界は広がっていくはずである。

さて、いるのが分かったら確信を持って釣るのみである。絶対にここにいるはずだと思ったら、あらゆるレーンからフライをドリフトさせてみる。ドラッグの掛かり方も、下流方向に引かれるのはよくないが、上流方向になら多少掛かったほうが出がよいことも多々あることに気がつくはずである。それを意図的に行なうためには、どこに立ってどこにティペットを置き、どのようにメンディングしたらよいかなどを考える釣りになっていくと思う。そのように自分自身が必要性を感じて釣ることこそ、上達への近道なのである。

複数で釣ることの意義

一日の釣りを考えた場合、渓流では単独で釣ったほうが釣果は伸びるし、大ものに出会う可能性が高いのも事実である。しかし、いつも1人で釣りをしていると、ある程度のレベルからなかなか上達できなくなることが多い。多くの人の釣りを身近で見る機会は、刺激的でもあるし、楽しみも広がるものだ。他人の釣りを見ることで自分自身のことも客観的に見られるようになるし、実際の釣果の違いなどにも気がつくことになる。本当の初心者はイワナ釣りのよい部分でもあるように思う。

まず一番のよい点は、先行者のみの可能性で終わらないことである。数名での釣りで説明したとおり、イワナは本当の性質い場所によい状態で合ったフライを流さないと出ない個体が多い。したがって先行者の腕が未熟な場合は充分にチャンスが残

る。同行者の腕前がはっきりしている場合は、上手な人が後から釣るのが鉄則であるように丁寧に釣っていく必要があるし、後から釣る人はサオ抜けなどを予測して違う種類のフライを使う等の工夫をする。どちらも楽しい釣りになると思うし、それによって同行者の釣れ方による自分との違いなども推察できることになる。数ポイントごとに先行を入れ替えるのも面白い。本当の初心者はイワナを追い散らしながら釣ってしまうため、それを明確に理解できるのが交互の釣りである。たまたまいないのではなく、自分が釣れないようにしているだけなのを、同行者の釣果から理解できると思う。

僕が関東からの知り合いを案内する場合、以前はほとんどイワナのいる川を選んだものである。ヤマメに固執すると釣れない可能性もあるし、先行者のみの期待

感じしかないため案内する自分が楽しめない。有料でのガイドは別にして、一緒に釣る場合は、やはり皆に釣果があって次の釣りにつながっていく必要があると考えたのである。そうなると対象魚はイワナがメインとなり、開けていてある程度規模のある川を選ぶことになる。そして先行者はそこでの可能性を知ってもらいつつ、残りの人たちは後行でも釣る方法を徹底的に模索したものである。これらはサオ抜けを見抜くことや、ボサ下、ヘリに対するコントロール、フライの選択術、すべての要素を深めるのに役立った。その頃に一緒に行っていた仲間のほとんどは、今も一緒にヤマメ釣りをする仲間でもある。初めの頃から比べると本当に皆上手になっているし、釣り旅自体をトータルで楽しんでいるように見える。今ややヤマメがメインの釣りとなっていても、イワナ釣りを真剣に取り組んだかどうかにより、その後の釣りの面白さが増すような気がする。

釣りは何の釣りでも一緒で、自分の殻に閉じこもってしまっては上達も難しいし、気の合う仲間を見つけ、一緒に釣ることで可能性を引き出していくことができる。スクール

などに参加するのもよい手段だ。同じような気持ちの仲間と知り合えるきっかけにもなるし、上手な人の釣りを生で見ることができるチャンスである。上手な釣り人は釣りのテクニックだけではなく、魚の生態や自然にまで詳しいのが普通で、トータルでの場数、経験値が全然違う。釣りというのは本当に難しい遊びで、ある程度のところからさらに進歩するのは困難を極める。そこをクリアするには精神力が一番ではあるが、仲間の存在が最も重要だと思う。同じ感覚で価値観を共有できるような仲間は本当に貴重で、一生に何人も自分の前に現われてくれるものではない。自分自身も、この釣りを一生楽しむためにも、そのような仲間たちは大事にしていきたいと思う。

4 尺イワナをねらう

35cmオーバーは別次元

ただ単にイワナを釣るのは、前記したように魚影の多い場所でよい時期に釣れば誰にでも可能である。しかし、尺イワナをコンスタントに釣るとなると話は違ってくる。それはヤマメ以上の難しさを感じることも少なくない。どうせイワナを釣るのなら、尺イワナに的を絞ることで緊張感や1投目の大切さなども培うことができると思う。では、尺イワナはどのようにしたらねらって釣ることができるのか？

なお、この場合の尺イワナは前人未到の源流や穴場的な川でのものではなく、有名な人気河川での尺イワナを差す。また東北の場合での解説になるが、やはりこのイワナに関しても日本海側と太平洋側では性質が異なる。全般的には緩くて水深のあるプールが尺イワナのポイントであるが、奥羽山脈の川では浅いチャラ瀬も要注意ポイントとなり、つかみどころが難しい。条件が整った大場所はほぼ間違いなく付いているものので、重点的に釣

35cmオーバーのイワナは格が違う

イワナに固執して釣るのも非常に奥深い楽しみだと思うし、イワナ本来の生命力を感じることができると思う。これも日本オリジナルのフライフィッシングの追求ではないだろうか。

人気河川での尺イワナ攻略は、サオ抜けが最大のポイントとなる。これがこの釣りの面白いところで、難しいポイントの攻略やその日の当たりフライ選択によって可能性が抜群に上がるのである。それらを真剣にねらい続けることこそ、最高の練習となるわけで上達に直結する部分だと思う。「これは練習だ」と最初から思っていては意味が薄くなる。だからこそ尺イワナに完全に的を絞ることで後につながる釣りになると思う。これは芝生の上でのキャスティング練習と違い、本番の釣りなので苦痛にならないはずだし、この釣りの楽しさも同時に感じることができると思う。ヤマメ釣りのみに陥りやすい淡白な部分を、イワナ釣りは補ってくれる。そしてそこからまたヤマメ釣りに生かされる部分が見つかり、新しいヤマメ釣りの楽しみに繋がっていく。このサイクルが末永く渓流のフライフィッシングを続けていくための糧になればと思う。

る必要がある。キャストしにくい部分、流しにくい部分はピンスポットで尺イワナが付いていることが多く、1投で完璧なプレゼンテーションを決めることがコツともいえる。これはヤマメなども含め、すべての大ものに通じることで、結局大きいものは難しいのである。しかし、イワナは長生きの魚であり、リリースされてから次に釣れる可能性がかなり短いことも重なり、尺ヤマメの絶対数に比べるとかなり数多く存在する。このことは尺イワナとの対戦数に比例してくるため、練習につながるのである。尺イワナをかなりの確率で釣りあげることができるようになった頃には、尺ヤマメに対しても自信を持って挑むことができると思う。

尺イワナも35cmを超えるとなると、尺ヤマメ以上に難しくなる。これはやはり絶対数が少ないため、相当な執着心を持って挑み続けないと難しいターゲットだと思う。そこまで

あとがき

　この本を書くにあたってもっとも強調したかったのは、フライフィッシングは渓流魚が釣れる釣りであることである。僕も上流域にのみ通っていた数年は、年間のトータル尾数は2000尾を越えることもあった。これは小さい漁協の放流数にも匹敵する数で、キープしていれば資源量にも影響する数字である。渓流釣りにおいて、これくらい強力な釣法が他にあるだろうか。これは東北の魚が多い川のみで釣りをし続けた結果であるため、それほど自慢するような数字ではない。しかし、そのように釣れる釣りであるのにも関わらず、実際は釣れない釣りとして一般的に思われている。これはなぜかと考えると、釣れる腕に達するまでのわずらわしさが他に類を見ないほどあることだと思う。道具を揃えるのにもかなりのお金を要するし、揃えたとしてもキャスティングという難関があるためすぐには釣りにならない。とにかくお手軽でないのだ。せっかく道具を持っていても止めてしまった方も少なくないと思うし、楽しく感じるところまで到達できずに悩んでいる方も多いことと思う。そのような方々にもう一度奮い立っていただきたいと思ったし、可能性を理解してほしいと思った。さらに現在、情熱を持って挑んでいる方々も、どのようにしたらよいのかは一人の釣りではある。僕もフライの始まりから5年以上は本を見ての試行錯誤だったし、そのほうが楽しかったようにも感じることがある。小学生の頃からさまざまな釣りに取り組んできたが、ドライフライ・フィッシングがもっとも面白かった。出会ってきた魚たちを考えても尺ヤマメが個人的に最高の魚種であり魚である。すべての釣りが楽しいのだが、時間の許す限りやりたいと思ったのはこの釣りだけである。

　釣りは体育会系の分野ではないと、常日頃思っていた。個人的に本や動画などの情報から想像して、地図で川を捜し"やってみる"のが面白いのである。仲間とワイワイやって笑いなが

ら釣るのも楽しいのだが、一人の世界での自己完結でほくそ笑むのはもっと楽しいことだと思う。この「ほくそ笑む」という部分が、フライフィッシングの醍醐味のような気がしてならない。いろいろな戦略を立てて自分の能力のぎりぎりで挑んで、してやったりの尺ヤマメを手にする瞬間こそが至福のときである。その世界へのいざないに、少しでも協力できればと思い、なるべくわかりやすく解説したつもりではある。しかし、実際には文才などないし学力もないため、後で読み返しても言葉足らずとも感じてしまう。やはりそのような部分は釣り場でお会いして、伝えなければと改めて感じた部分もあった。この、他の釣りに類を見ない、特殊であるが最高に楽しいドライフライ・フィッシング。その中でも最も至高の魚である「尺ヤマメ」をターゲットにした刺激的な釣りを、少しでも多くの方々に経験していただきたいと思う。

　日本のフライフィッシングとしてすっかり定着したロングティペットの釣りであるが、それぞれのイマジネーションにより、まだまだ進化の余地を残す分野だと思う。それだけにいくらやっても飽きないので夢中になって釣ってはいるが、最後はやはり腕の向上でしか解決できない部分が多い釣りであり、釣りに行けないと腕も鈍ってしまう。これはピアノ演奏などにも似ていて、毎日やっていることも1日休んだだけで、感覚を取り戻すのに相当な時間を要する。これは上級者になればなるほど顕著に感じることだと思うし、それから先への上達の難しさも感じるものであると思う。システムや仕掛け作りが最重要となることが多い釣りの世界ではあるが、フライの場合はどうしても技術が必要となってしまう。その部分を楽しいことと思っていただきたいし、夢中になってヤマメを追いかけ、時間の許す限り釣りに行きたいと思っている。世知辛い時代ではあるが、それを克服したときの達成感と釣果の素晴らしさも先にはあるのである。僕が近年おぼろげに思うようになった夢は、全国すべてのよい川でヤマメ釣りをすることである。シーズン中は必ずどこかの川で釣りをしているので、皆さんともいつかどこかでお会いできると思う。

　最後に、どの分野の釣りも自然があってのものである。おそらくすべての釣り人の願いはそこに集結できると思うので、皆さんのそのような思いが尊重される世の中になってほしいと思う。

著者プロフィール

渋谷 直人（しぶや なおと）

1971年8月11日生まれ。秋田県湯沢市川連町在住。川連漆器伝統工芸師にして「漆塗竹竿 Kawatsura Rod」ロッドビルダー。地元出身の漫画家・矢口高雄の作品『釣りキチ三平』の影響もあり、中学のはじめから本格的にフライフィッシングにのめりこむ。2000年頃からバンブーロッドの魅力にとりつかれ、自作まで一気に進んでしまった。現在はロッドビルディングと並行して、ライン、リーダー等ロングティペットの釣りを意識したFF製品の開発にも携わる。ライトタックルの竹竿で、ドライフライによる可能性をとことん追求していくことを目標としている。

Kawatsura Rod URL ＝
http://www.kawatsura.com/kawatsurarod.htm

尺ヤマメの戦術（しゃく　せんじゅつ）

2010年5月1日　初版発行
2011年10月1日　第2刷発行

著　者　渋谷直人
発行者　鈴木康友
発行所　株式会社つり人社
　　　　〒101-8408
　　　　東京都千代田区神田神保町1-30-13
　　　　電話 03・3294・0781（営業部）
　　　　　　 03・3294・0766（編集部）
　　　　振替 00110-7-70582

印刷・製本　三松堂印刷株式会社

乱丁、落丁などありましたらお取り替えいたします。

ⓒ Naoto Shibuya 2010.Printed in Japan
ISBN978-4-88536-176-0 C2075

つり人社ホームページアドレス
http://www.tsuribito.co.jp
いいつり人ドットジェーピー
http://e-tsuribito.jp

本書の内容の一部、あるいは全部を無断で複写、複製（コピー）することは、法律で認められた場合を除き、著作者（編者）および出版者の権利の侵害になりますので、必要な場合は、あらかじめ小社あて許諾を求めてください。